디지털 홀로그램과 디스플레이

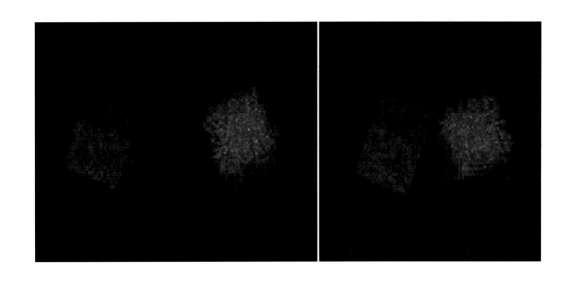

"This happened so that the works of God might be displayed in his life.

As long as it is day, we must do the works of him who sent me.

Night is coming, when no one can work.

While I am in the world, I am the light of the world.",

Jesus said (John 9: 3 ~ 4).

머리말

첨단 신소재의 개발과 더불어 나노미터 규모의 인공적인 구조물의 형상을 제작하는 전자기술 문명 시대를 살아 가고 있는 우리들은 인공지능 (AI) 기반 4차 혁명 시대의 도래에 직면하게 되면서, 이를 적극적으로 적응하고 나아가 극복하기 위한 지혜가 필요한 실정에 처해 있습니다.

"디지털 홀로그램과 디스플레이"는 필자가 디지털 홀로그래피를 위한 디스플레이 광공학 및 홀로그래픽 실감 콘텐츠 분야에서 지난 십년 동안의 연구를 수행하면서 도출된 연구 경험들을 바탕으로 맺어진 결실입니다.

본 도서는 Google, YouTube, Wikipedia 등과 같은 풍부한 디지털 미디어 환경에 적합하도록, 종래의 주입식 교육용 디스플레이·응용광학 관련 교재의 대안으로서, 실제 사례들과 연계된 자기주도 학습을 고려하여 기획되었습니다. 아무쪼록 본 도서가 학습자에게 능동적으로 활용되어서 상차 디지털 홀로그램 산업 분야에서 창의적으로 적용되기를 기대하는 바입니다.

본 도서가 독자들에게 전자 홀로그램 기술에 대한 이해 증진과 초실감 영상 디스플레이로의 무궁한 세계를 탐구하는 길로 안내하는 가이드 역할이 되고, 나아가 우리의 실생활을 보다 윤택하고 행복한 삶으로 인도하는 데에 기여할 수 있기를 소망합니다.

끝으로, 본 도서를 위해 큰 도움을 주신 분으로서 귀한 사진·그림·자료을 제공해 주신 한교홀로그램의 박성철 대표님과 고려대학교의 김휘 교수님, 시뮬레이션 검증을 지원해 주신 루엔소프트의 강동혁 선생님, 그리고 곁에서 늘 격려해 주는 사랑하는 가족에게 깊은 감사의 마음을 전합니다.

2020년 1월

儒城에서, 저자 올림

목차

II. 홀로그래픽 콘텐츠의 획득 및 홀로그램 생성

III. 결론

IV. 부록

I. 서론

1. 홀로그램 (hologram)의 개념

주어진 3D 물체를 표면층을 채우는 많은 점들로 구성된 것으로 취급할 때, 각 점은 입사된 조명광을 산란시키는 물체 점 (object point)이 된다. 또한, 동시에 이 물체 점은 특정한 방향으로 산란되는 빛의 출발 점 (point emitter)이 되며, 이러한 빛의 출발점들의 집합 (a set)이 바로 주어진 3D 물체로 관찰하게 할 수 있음을 배웠다. 그러면, 이제 주어진 3D 물체를 구성하도록 이러한 빛 출발점들의 집합을 어떻게 하면 만들어 낼 수 있을까? 영국의 제임스 맥스웰은 그의 저서 《전자기장의 역학 이론 (1865)》에서 네 개의 맥스웰 방정식 (Maxwell's equation)으로부터 유도된 전자기장의 속력이 빛의 속력과 일치함을 밝히면서 빛이 전자기파의 한 형태라는 결론을 내렸다. 그리고, 독일의 하인리히 헤르츠는 실험을 통해 전자기파의 속력과 빛의 속력이 같음을 밝혔다. 빛이 가진 대표적인 파동적인 특성으로 편광, 간섭, 회절 등이 있다. 파동으로서 빛은 진폭 (amplitude)과 위상 (phase) 정보를 담아서 전파한다. 진폭은 빛의 밝기 정보를 제공하며, 위상은 빛의 출발점 및 진행 방향 정보를 제공한다. 3차원 공간을 이동하는 빛의 파동장 (wave field)을 수학적으로 정확히 기술하기 위해서 복소수 (complex-value) 체계가 필요하다. 일상적으로 사용하는 카메라의 사진술 (photography)는 아직까지 이 빛의 상세한 정보들을 얻지 못하고 있다. 그런데, 홀로그래피 (holography)는 광파의 진폭뿐만 아니라 위상을 기록할 수 있는 특수한 기술이다.

2. 홀로그램의 기록 (recording) 과정

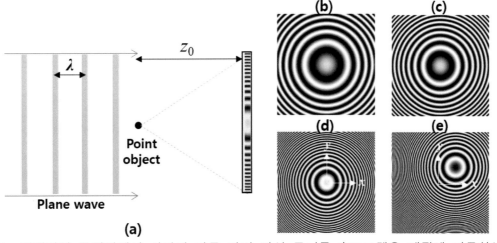

입사하는 평면파와 물체점에서 산란된 파동 간의 간섭 무늬를 홀로그램용 매질에 기록하는 과정의 모식도 (a). 깊이 파라미터에 z 에 대한 FZP의 특성: (b), (c). 측면 방향으로 평행 이동에 대한 FZP의 특성: (d), (e).

그리스 어원에서 함축하고 있듯이 홀로그래피는 완전한 (holos) 정보를 기록 (graphein)한다는 의미이다. 홀로그래피 공정에 의해서 어떤 광파의 진폭과 위상을 기록한 평평한 형태를 갖는 투명한 매질을 홀로그램 (hologram)이라고 한다. 이 홀로그램이 적절한 조명을 받으면, 원래 파면의 정확한 복제가 재생된다. 예를 들어, 하나의 물체점 (point of object)에 대한 홀로그램을 광학적으로 기록하는 과정을 살펴보자. 위의 그림은 오른쪽으로 이동하고 있는 결맞는 평면파 빔 (진폭: α, 파장: λ), 투명한 기록 매질 (예: 포토폴리머), 그리고 이 매질 중심에서 왼쪽에 $+z_0$ 만큼 떨어져 있는 위치 (x_0, y_0, z_0) 에 있는 물체점을 보여주고 있다. 이 점에 의해 입사되는 평면파가 산란되면, 발산하는 구면파가 생성된다. 이 발산파가 물체파 (object wave)가 되고, 산란되지 않고 기록 매질을 향해 그대로 진행하는 평면파는 참조파 또는 조회파 (reference wave)가 된다.

두 파동들이 매질이 놓여 있는 영역에서 서로 만나서 중첩 (superposition)이 일어날 때, 매질은 두 파의 간섭 (interference) 무늬를 기록한다. 여기서 기록 매질 면에서 중첩된 파동의 세기 분포 $|H(x, y)|^2$ 는 다음과 같이 쓸 수 있다.

$$|H|^2 = A + B \sin[\pi\{x - x_0\}^2 + (y - y_0)^2\}/\lambda z_0].$$

여기서 $A = a^2 + (1/\lambda z_0)^2$, $B = 2/\lambda z_0$ 이다. 이 표현식은 정현파형의 프레넬 윤대판 (FZP: Fresnel zone plate) 식이라고 말하는데, 점 (x_0, y_0, z_0) 에 있는 단일 물체점에 대한 홀로그램을 나타낸다. 주목할 점은 FZP 식이 물체점에 대한 완전한 3D 정보를 포함하고 있다는 사실이다. 즉, FZP 식의 위상 안에 깊이 정보 z_0 가 들어가 있으며, FZP 패턴의 중심 위치가 물체점의 위치 정보 (x_0, y_0) 를 지정해 준다. 위의 그림 (b)는 $z = 3z_0$ 에서 FZP 패턴이며, 그림 (c)는 $z = 2z_0$ 에서 FZP 패턴을 보여준다. 홀로그램으로부터 수직 거리인 z 가 증가함에 따라 FZP의 공간 주파수 (spatial fringe frequency)는 감소하는 것을 볼 수 있다. 또한 위의 그림 (d)는 물체점 위치가 $(0, 0, z_0)$ 에 있을 경우의 FZP 패턴이며, 그림 (d)는 물체점 위치가 (a, a, z_0) 에 있을 경우의 FZP 패턴을 보여준다. 여기서 상수 a 는 양의 값으로 가정한다. 따라서, 물체점의 측면 이동에 따라서 FZP 패턴의 중심도 이 측면 방향으로 평행 이동하는 것을 알 수 있다. 기록 과정에서 사용되었던 빔과 동일한 특성을 갖는 평면파 빔 (진폭: α, 파장: λ)을 이 FZP 패턴이 기록된 투명한 매질에 입사시키면, 거리 z_0 로 초점이 맺히게 되는 하나의 수렴광이 나타난다. 하나의 FZP 패턴을 지닌 투명한 홀로그램은 마치 초점 길이 z_0 인 한 개의 볼록렌즈의 기능을 한다. 파동은 동일한 공간에 중첩 (superposition)이 가능하기 때문에 물체점이 추가되면, 각 물체점에 해당되는 FZP패턴을 모두 기록 매질에서 중첩된 상태로 기록할 수 있다. 이상에서 살펴본 기본적인 특징들로부터 다음과 같은 결론을 내릴 수 있다. 우리가 임의의 3D 물체를 다수의 물체점들로 구성된 것으로 가정한다면, 홀로그램은 각 점에 대응되는 FZP들이 기록 매질에서 중첩된 집합체라고 간주할 수 있다.

3. 홀로그램 합성 (synthesis) 과정

홀로그램의 합성은 원하는 3D 장면을 복원하는 홀로그램 평면 내에서 불연속적인 복소 파동장 $H(x, y)$ 를 컴퓨터에 의한 수치적인 계산 (CGH: computer-generated hologram)을 의미한다. 홀로그램 면에서 이 복소 파동장은 물체파 $U(x, y)$ 를 조회파 $R(x, y)$ 로 중첩한 것이다. 여기서 각 3D 장면은 충분한 개수 (m)의 불연속적인 점들로 표현된다. 점 구름 (point cloud) 개념에 의한 CGH를 합성하는 관점에서 보면, 어떤 존재하는 물체는 수학적으로 m 개의 물체점들로 이루어진 집합이며, 각 점에 대한 공간 위치, 진폭, 그리고 색 (또는 파장) 정보 등을 포함하는 한 세트의 데이터로 존재한다. 홀로그램 합성용 계산 방법들은 광선 추적 (ray tracing)을 사용한 해석적 모델링과 주어진 3D 물체 또는 3D 장면을 다수의 평행한 면들로 구성된 객체로 가정하여 계산하는 Fourier 변환 기반 모델링으로 크게 구분될 수 있다. 이 광선 추적형 모델링은 주어진 3D 물체를 구성하는 각 점 $S_j(x_j, y_j, z_j)$ 을 제한된 각도 범위 (angular spectrum)로 파장 λ 의 빛 (진폭: a_j) 을 발산하는 하나의 빛샘 (a point source to emit a spherical wave)으로 간주한다. 홀로그램 면에서 이 빛샘의 파동은 $U_j(x, y) = a_j e^{i\varphi_j(x,y)}$ 로 정의된다. 파면 간격이 시간 및 공간에 걸쳐 일정하게 유지되는 결맞는 조명 빔 (coherent illumination beam)이 한 물체에 부딪쳐 반사될 때, 반사광 파면의 위상 변화가 이 물체의 형상에 따라 나타나게 된다. 이 위상 변화는 기하광학적으로 광선 추적에 의해 계산된다. 따라서 홀로그램 면과 각 점광원 (S_j) 위치 간의 광경로차 (optical path difference) 정보로부터 진폭과 위상의 분포, 즉 $H_j(x, y)$ 가 홀로그램 면에서 해석적으로 유도된다. 위치 (x_j, y_j, z_j) 에 있는 빛샘 (S_j)에 의한 홀로그램 면에서 위상은 다음과 같이 쓸 수 있다.

$$\varphi_j(x, y) = 2\pi n[\{(x - x_j)^2 + (y - y_j)^2 + z_j^2\}^{1/2} - z_j] / \lambda + \varphi_{j0}.$$

여기서 $\varphi_{j0}(x, y)$ 는 물체의 각 점에 할당되는 초기 위상값이고, n 은 두 점 사이의 공간 매질의 굴절률이다. 물체의 점과 홀로그램 면의 위치 간 물리적 거리를 d 라고 하면, 광학적인 경로 차이는 $nd = \lambda[\varphi_j(x, y) - \varphi_{j0}] / 2\pi$ 으로 주어진다. 위의 위상 관계식 $\varphi_j(x, y)$ 은 초점 길이 z_j 를 갖는 이상적인 렌즈의 위상 함수에 대응된다. 결국, 주어진 3D 장면에 대한 복소 진폭 파동장 (optical field)은 각 빛샘들로부터 홀로그램 면으로 전파된 요소 파동장들을 모두 중첩한 결과임을 알 수 있다. 즉,

$$U(x, y) = \sum_{j=1}^{m} |a_j(x, y)| e^{i\{\varphi_j(x,y) + \varphi_{j0}(x,y)\}}$$

실제, 이 $U(x, y)$ 는 빛샘들의 중첩에 의해 얻어진 결과로서 물체파 (object wave)이다. 그러므로, $H(x, y)$ 를 얻기 위해서 조회파 (reference wave) $R(x, y)$ 와 이 물체파 $U(x, y)$ 를 중첩하는 과정이 추가된다.

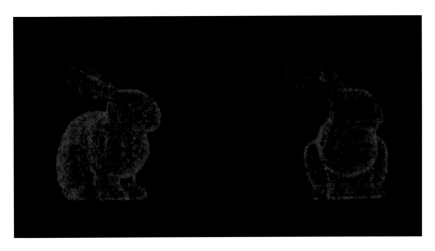

각도 스펙트럼 (angular spectrum) 모델 기반 컴퓨터 홀로그램 계산 방법으로 얻어진 홀로그램

(심화 내용) Huygens–Fresnel 원리

z축 방향으로 진행하는 파동 필드 $U(x, y, z)$를 고려하여 보자. 이 파동은 파장 $\lambda = \dfrac{2\pi}{k}$를 갖는 것으로 가정한다. 우선 $z = 0$에서 $U(x, y, 0)$의 Fourier 표현은 Fourer 변환 $A(f_x, f_y, 0)$ 관계에 의해 $U(x, y, 0) = \int\int\limits_{-\infty}^{\infty} A(f_x, f_y, 0)e^{i2\pi(f_x x + f_y y)}df_x df_y$ 으로 주어진다.

여기는 $A(f_x, f_y, 0) = \int\int\limits_{-\infty}^{\infty} U(x, y, 0)e^{-i2\pi(f_x x + f_y y)}dxdy$ 이다. $A(f_x, f_y, 0)e^{i2\pi(f_x x + f_y y + ft)}$는 $z = 0$에서 방향코사인 (α_i)으로 진행하는 한 평면파이다. $A(f_x, f_y, 0)$ 를 $U(x, y, 0)$ 의 각도 스펙트럼 (angular spectrum)이라고 한다.

다음으로 파동 필드 $U(x, y, z)$를 살펴보자. 이것의 각도 스펙트럼은

$A(f_x, f_y, z) = \int\int\limits_{-\infty}^{\infty} U(x, y, z)e^{-i2\pi(f_x x + f_y y)}dxdy$ 로 주어진다. 또한 Fourier 표현은 각도 스펙트럼에

의해서 $U(x, y, z) = \int\int\limits_{-\infty}^{\infty} A(f_x, f_y, z)e^{i2\pi(f_x x + f_y y)}df_x df_y$ 로 주어진다.

$U(x, y, z)$는 원천 (source)이 없는 모든 점에서 Helmholtz 방정식을 만족한다. 즉

$$\nabla^2 U(x, y, z) + k^2 U(x, y, z) = 0$$

이를 다시 풀어 보면,

$$\int\int\limits_{-\infty}^{\infty}\left[\frac{d^2}{dz^2}A(f_x, f_y, z) + (k^2 - 4\pi^2 f_x - 4\pi^2 f_y)A(f_x, f_y, z)\right]e^{i2\pi(f_x x + f_y y)}df_x df_y = 0$$

이 된다. 피적분함수가 영이 되기만 하면, 모든 파동에 대해서 이 식은 성립되기 때문에 우리는 다름과 같은 미분방적식을 얻게 된다.

$$\left[\frac{d^2}{dz^2}A(f_x, f_y, z) + (k^2 - 4\pi^2 f_x - 4\pi^2 f_y)A(f_x, f_y, z)\right]$$

그 해는 $A(f_x, f_y, z) = A(f_x, f_y, 0)e^{i\mu z}$ 이다. 여기서 $\mu = \sqrt{k^2 - 4\pi^2 f_x - 4\pi^2 f_y} = k_z$ 로 주어진다.

$k \geq 2\pi\sqrt{(f_x + f_y)}$ 일 경우, 각각의 각도 스펙트럼 성분은 위상 인자 $e^{i\mu z}$ 로 수정되며, 이 평면파 성분들은 동종의 파동들이라고 불려진다.

이제, 각도 스펙트럼 (angular spectrum)에 의한 축 방향으로 진행하면서 회절된 필드 $U(x, y, z)$ 를 살펴 보자. 임펄스 반응은 $h(x, y, z) = \dfrac{1}{2\pi}\dfrac{\partial}{\partial z}\left(\dfrac{e^{ikr}}{r}\right) = \dfrac{1}{i\lambda}\dfrac{z}{r}\dfrac{e^{ikr}}{r}$ 로 주어진다. 회절된 필드는 선

형 콘볼루션 특성을 적용함으로써 얻어진다. 즉 $U(x_0, y_0, z) = U(x, y, 0) \otimes h(x, y, z)$ 의 관계식을 이용하면, $U(x_0, y_0, z) = \int\int_{-\infty}^{\infty} U(x, y, 0) \dfrac{z}{i\lambda r_{01}} \dfrac{e^{ikr_{01}}}{r_{01}} dx dy$

이 된다. 이 식을 Rayleigh–Sommerfel 회절 공식이라고 한다. $U(x_0, y_0, z)$ 은 점 $(x, y, 0)$ 에 출발하여 발산하는 각 구형파가 $U(x, y, 0) \dfrac{z}{i\lambda r_{01}}$ 의 비중을 가지고서 선형 중첩(linear superposition)한 결과로 해석될 수 있다. 여기서 점 $(x, y, 0)$ 에서 진폭 $U(x, y, 0)$ 로 빛을 방사하는 각 원천 (source)을 Huygens' radiator라고 하며, $\dfrac{z}{r_{01}}$ 는 z 축과 r_{01} 이 이루는 사이 각의 코사인에 해당된다.

4. 푸리에 변환 (FFT, fast Fourier transform) 기반의 홀로그램 합성법

두번째 방법인 Fourier 변환에 의한 홀로그램 계산에 대하여 살펴보자. Fourier 변환형 모델링에서 공간적으로 부피를 갖는 3D 장면을 홀로그래픽 디스플레이 장치 (또는 홀로그램)의 면과 평행한 여러 개의 층 (L_1, $\cdots$, L_i, $\cdots$, L_m)의 형태로 나누어 구분한다. 예를 들면, 주어진 3D 물체의 깊이 영역을 홀로그램 면과 평행한 8 비트의 조각들 (slices)로 구분할 경우에, 이 깊이 영역은 m = 256개의 층으로 분할한다. 이때 이웃한 두 층 사이의 거리는 등간격으로 나누어 지며, 총 m 개의 면 조각을 생성한다. 아래 그림은 3D 물체 또는 3D 장면의 측면을 보여준다. 여기서 3D 장면은 VW 및 SLM의 끝을 연결한 사각뿔대 (frustum of pyramid) 내에 존재하며, 시야 창문 면 (VW, viewing window) 근처에 관찰자의 눈이 위치한다. 각 L_i 층이 차지하는 영역은 사각뿔대 형태의 범위 안으로 제한된다. 각 면 조각의 크기는 아래 그림과 같이 영상 관측 영역인 Fourier 평면 (L_F)으로부터의 거리에 비례한다. 또한 각 면 조각의 표본 수 (sampling number)와 VW 내의 표본 수는 불연속적인 홀로그램 함수가 올려지는 디스플레이 단말 (L_H 층)의 총 픽셀 수 (N 개)와 일치한다. 공간 상에 분포된 물체점들은 가장 가까운 층에 할당되고, 각 물체점의 위치는 할당된 층 내에서 가장 가까운 샘플링 점에 지정된다. 홀로그램 층 (L_H)에서 i 번째 층 (L_i)까지의 수직 거리 - 즉, 아래 그림에서 z_i - 를 깊이 (depth)로 정의된다. 이 홀로그램 층을 기준으로 하여 z_i 의 부호에 따라 양의 깊이 또는 음의 깊이로 정의된다. 물체점들이 놓여있는 L_i 층은 이와 평행한 Fourier 평면 (L_F)으로 Fresnel 전파 (propagation)를 수행 (DFT, direct Fourier transform)함으로써, 각 L_i 층에 놓여있는 물체점들 $S_i(x, y, z_i)$ 이 기여하는 복소 분포 함수 $G_i(u, v)$ (distribution function)를 생성한다. 그리고, 3D 물체에 의한 복소 신호 함수 $G(u, v)$ (signal function)를 이 Fourier 평면에 있는 시야 창문 영역에서 계산하기 위해 각 복소 분포 함수들은 모두 더해진다. 즉, $G(u, v) = \sum_{i=1}^{m} G_i(u, v)$ 이다. 마지막으로, 홀로그램 면 L_H 에서 홀로그램 함수 $H(x, y)$ 를 구하기 전에, 물체파 함수 $U(x, y)$ 을 계산하기 위해 이 신호 함수 $G(u, v)$ 에 L_H 면으로 역 Fourier 변환 (IFT, inverse Fourier transform)을 수행한다. 즉, $U(x, y) = F_r^{-1}\{G(u, v)\}$ 이다.

일반적으로 Fresnel 변환 계산은 수학적으로 2차 위상 인자가 곱해진 Fourier 변환으로 수행된다. m 개의 불연속적 Fourier 변환은 효율적으로 FFT 알고리즘 (fast Fourier transform algorithm)을 통하여 계산한다. 이상에서 기술한 Fourier 변환 기반 홀로그램을 합성하는 과정은 다음과 같이 요약된다. 첫째, 각 (L_1, $\cdots$, L_i, $\cdots$, L_m) 층에서 L_F 층으로 m 번의 직접 Fresnel 변환을 순차적으로 수행한다. 둘째, 앞 단계에서 계산된 파동 장들을 VW 면에서 중첩을 시켜 복소 신호 함수를 획득한다. 셋째, VW에서 중첩에 의해 더해진 이 복소 신호 함수는 홀로그램 층 (L_H)으로 역 Fourier 변환 (IFT)을 수행한다. 이렇게 계산된 결과는 물체 파동 장 $U(x, y)$ 이다. 넷째, 우리가 원하는 홀로그램 함수 $H(x, y)$를 도출하기 위해 참조파 (reference wave) $R(x, y)$ 와 이 물체 파동 장 $U(x, y)$ 를 중첩한다. 결국 이러한 과정을 통하여 최종적으로 도출된 홀로그램 함수는 VW 영역 내에서 실제 공간에 존재하는 3D 장면에 의해서 만들어 지는 광파동 장을 그대로 재생 (또는 복원)시킬 수 있다. 즉, 계산된 홀로그램 데이터가 표시된 SLM에 간섭성 조명광을 비추면, 합성된 장면의 파면이 이 홀로그램 면에서 만들어지고, VW 내로 전파하면서 원래의 장면을 재생한다. 따라서, 홀로그래픽 영상용 관측 창문에 해당하는 이 VW 위치에 눈을 대고서 빛을 관찰하는 시청자는 실제 존재하는 물체로부터 방출되는 파동장인 것처럼 인식하게 된다.

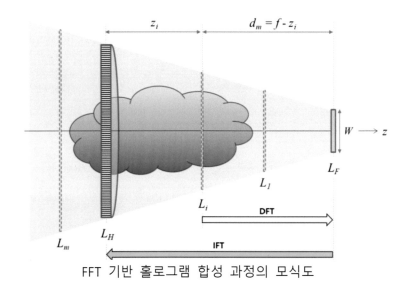

FFT 기반 홀로그램 합성 과정의 모식도

임의의 각 층에서 샘플링된 점들의 수 (N)는 SLM 위의 홀로그램 층 (L$_H$)에서의 샘플링 수와 같다. 그리고, i번째 층 (L_i)에서 샘플링 간격 p_i는 i번째 층에서 기준층 (L_R)까지의 거리 $d_i = f - z_i$ 에 비례한다. i번째 층 (L_i)에 의한 기준 층 (L_R)에서 주기적인 간격 (periodic interval)은

$$W_i = \frac{\lambda d_i}{p_i}$$

로 주어지며, 결국 모든 층들에 대한 이 간격 (W_i)은 항상 같음을 알 수 있다. 그래서, 주기적인 간격 (W_i) 내부에 존재하는 하나의 공통적인 VW를 정의할 수 있으며, 홀로그램 층에 의해 이 공통의 VW 안으로 복원시키는 광파동 필드가 유일한 특성을 갖는다.

5. 프레넬 홀로그래피 (Fresnel Holography)

이번 절에서 다루는 홀로그래픽 디스플레이는 아래에서 기술할 Fresnel 홀로그래피의 원리를 응용한다. Fresnel 기반 홀로그램 재생 시스템에서 가간섭성 (coherence)을 지닌 빔 (예: 평면 파면)이 공간광변조기 (또는 SLM 디바이스)가 있는 홀로그램 면을 지나면, 빛의 진폭과 위상이 변하게 된다. 이 빛은 부피가 있는 입체 영상 (volumetric 3D image)을 공간에 형성하기 위하여, 아래 그림과 같이 조명된 빔이 홀로그램 면을 지나면서 3차원 공간 상에 다양한 빛의 세기를 갖는 점 위치에 초점이 각각 맺히는 방식으로 회절이 일어난다. 여기서 영상 (映像)은 특정한 순간의 실제 환경 또는 모니터와 같은 영상 매체를 통한 빛의 굴절, 투과, 반사 등에 의해 이루어진 물체의 겉모습 또는 장면 (scene)을 말한다. 일반적으로 평행하게 입사되는 간섭성을 가진 하나의 조명 빔이 준비된 홀로그램을 디스플레이하는 SLM을 통과하면, 초점 길이가 다른 여러 개의 점들이 공간 상에 형성된다. 이러한 복원 (reconstruction) 또는 재생 과정을 홀로그램에 의한 디코딩 (holographic decoding)이라고 한다. 이 홀로그램 면으로부터 유한한 거리에서 빛들이 수렴하여 맺히는 각 점은 복원된 물체점 (object point)이 된다. 이 물체점은 실제 빛이 수렴하면서 만들어진 실상 (양의 렌즈) 타입과 발산하는 빛에 의해 만들어 지는 허상 (음의 렌즈) 타입이 있다. 이 물체점은 부홀로그램 또는 조각 홀로그램 (sub-hologram)으로 불리는 전체 홀로그램 면 중에서 국부적인 영역에서 홀로그램을 생성시킬 수 있다. 위상변조 함수를 표시하는 굴절 렌즈와 유사한 기능을 하는 각각의 조각 홀로그램은 입사되는 빔을 회절시킴으로써 특정한 위치의 한 점에 빛이 모이도록 한다. 입사된 빛이 하나의 물체점 (object point)에 모일 수 있게 하는 이 특별한 위상변조 (phase variation) 패턴을 렌즈 위상 함수 (lens phase function)라고 말한다. 물리적인 굴절 렌즈처럼, 이 위상변조 함수는 주어진 홀로그램 중심 근처의 빛을 약간 회절시키고, 홀로그램 가장자리 근처의 빛을 많이 회절시킨다.

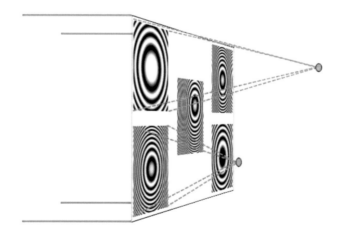

평행하게 입사되는 간섭성을 갖는 빔 (파장: 532 nm)이 준비된 Fresnel 홀로그램을 통해서 초점 길이가 다른 여러 개의 물체점들이 형성 (decoding)되는 과정의 모식도.

위상변조 함수의 공간 주파수 (spatial frequency)는 이 회절의 강도와 비례 관계가 있다. SLM의 픽셀 크기를 고려하여 각 물체점을 나타내는 위상변조 함수의 공간적 크기는 국부적인 영역으로 제한시키는 방법을 종종 사용하고 있다. 각 물체점에 해당되는 개별 홀로그램의 크기를 국부적으로 제한하는 홀로그램 계산 접근법을 흔히 조각 홀로그램 (sub-hologram) 기술이라고 부른다. 부홀로그램의 크기는 주어진 SLM이 지원할 수 있는 최대 공간주파수에 의해 결정된다. 빛샘 S_j에 의한 홀로그램 면에서 위상이 $\varphi_j(x,y)$ 로 주어질 때, 단위 길이당 정현파 성분이 반복되는 사이클 수를 측정하는 이 공간 주파수는 $[f_j] = \nabla\varphi_j(x,y)/2\pi$ 에 의해 계산되며, 단위는 cycle/meter 이다. 조각 홀로그램 개념을 CGH 계산 과정에 적용할 경우에, 주어진 디스플레이의 공간 해상도 (또는, 픽셀 피치)를 넘어가는 물체점의 공간 주파수를 차단함으로써 계산될 홀로그램의 공간 면적의 축소로 인하여 연산 속도의 개선과 간섭 패턴에서 발생될 앨리어싱 (aliasing) 문제도 방지할 수 있다. 이 경우에 허용가능한 공간 주파수 범위는 $[f_j]_i^{-1} \geq (2\delta_i)$ 만족해야 한다.

서로 다른 물체점을 표현하는 각각의 부홀로그램은 홀로그램 면에서 서로 중첩될 수 있다. 물체점과 조각 홀로그램 간의 빛의 위상 차를 나타내는 렌즈 위상 함수의 표시는 다음과 같이 쓸 수 있다.

$$f(\mathbf{r})_\mathbf{p} = e^{i[\phi_0 + 2\pi|\mathbf{p}-\mathbf{r}|/\lambda]}$$

여기서 ϕ_0, $\mathbf{p}$, $\mathbf{r}$ 는 각각 초기 위상 인자, 물체점의 위치벡터, 그리고 조각 홀로그램 내의 위치벡터이다. $|\mathbf{p}-\mathbf{r}|$ 는 두 벡터 차이의 길이를 나타낸다. 완성된 홀로그램 (H)은 각 물체점에 해당되는 렌즈 위상 함수와 이 물체점의 밝기 (intensity)에 대응되는 진폭 (a_j) 을 서로 곱한 후, 모든 위상 함수들을 합산하면 얻게 된다. 즉, 모든 부홀로그램들을 중첩 (superposition)을 한 결과인 H 를 수학적으로 표시하면, 다음과 같이 주어진다.

$$H(\mathbf{r}) = \sum_{j \in s} a_j f(\mathbf{r})_j$$

여기서 S 는 주어진 목표 물체를 구성하는 물체점들의 집합이며, j 번째 물체점의 밝기는 $|a_j|^2$ 이다. 깊이맵 (Depth map)은 기준 초점면에서부터 깊이방향 (예: z축)으로 물체까지의 거리 데이터를 포함하는 greyscale 이미지이다. H3D용 콘텐츠에서 요구되는 깊이 표현 해상도는 8 bit 그레이스케일 포맷이면 충분하다. 현재 S3D (stereoscopic 3D display) 사진들로부터 깊이맵을 추출하는 알고리즘들이 이미 개발되어 있다. 가까운 장래에 깊이맵 데이터를 메타-데이터 형식으로 포함하여 S3D 콘텐츠는 방송 신호에 전송될 수 있을 것이다. 기존 스테레오스코픽 3D단말을 가진 사용자는 제한된 깊이를 갖는 디스플레이를 시청할 수 있을 것이고, 홀로그래픽 3D (holographic 3D display) 단말을 가진 사용자는 완벽한 깊이 표현이 가능한 3D 복원 영상을 시청할 수 있을 것이다. 마치 연극 무대 위에서 진행되는 공연 장면처럼 동일한 콘텐츠를 관람하더라도 각 관람인마다 자신에게 관심이 있는 대상이나 물체를 자유로이 선택하여 바라볼 수 있다. 홀로그래픽 3D의 가장 미묘한 특징인 이 장면 점 (scene point)의 선택성이 실제 세계에서 일어나는 것과 매우 동일하다. 주어진 장면에서 한 점에 눈의 초점을 맞추면, 이 장면의 나머지 영역은 자연스럽게 흐릿해 (blurred) 진다. 그리고 눈의 초점을 다른 점으로 옮기면, 그 점이 선명해지고 그 외의 모든 것이 흐려진다. 그런데, 종래의 양안식 3D에서 양안의 수렴 (convergence)은 스테레오스코픽 3D 장치가 제공하는 깊이 수준 (depth level)을 표시하기 위해 사용된다. 이에 비해 홀로그래픽 3D에서 깊이 수준은 사용자가 장면 중의 한 점을 선택하여 초점을 맞추기 때문에, 관람자의 수렴과 초점이 동일한 점 위에서 자연스럽게 형성된다.

II. 본론

I. 전자 디스플레이 소자에 의한 광변조 특성

1. 픽셀 행렬 구조를 갖는 평판 SLM (spatial light modulator)의 모델링

불연속적으로 픽셀화된 공간광변조기 (pixelated structure of spatial light modulator (SLM))는 주어진 연속적인 함수에 대한 불연속적인 공간적 표본화 (sampling) 과정이 필요하다. 평판형 TFT-LCD와 같은 SLM에 홀로그램으로 기록될 수 있는 정보 양은 SLM의 크기 및 공간 해상도에 직접적으로 연관된다. 아래 그림은 평판형SLM에서 나타나는 주기적인 격자 (lattice)와 같은 2차원 픽셀 구조의 기하학적 모형을 보여준다. 여기서, 총 픽셀의 개수는 $N_x \times N_y$ 이고, 가로 및 세로 방향의단위 픽셀 피치는 각각 p_x 와 p_y 이며, 빛이 투과할 수 있는 최소 틈새 또는 개구 (aperture)의 면적은 $a_x \times a_y$ 이다. 여기서 N_x 와 N_y 는 편의상 각각 홀수로 가정한다. 개구 면적이 단위 활성 영역 (active area)이기 때문에 각 개구의 내부를 통과하는 빛들은 변조가 일어날 수 있다. 인접한 두 개구 사이의 비활성 영역은 검은 마스크 행렬 물질 (black matrix)이 존재하기 때문에 이 영역으로 들어오는 빛의 투과는 차단된다. 그래서 채움 인자 (fill factor)는 $\mu = a_x a_y / p_x p_y$ 으로 주어진다.

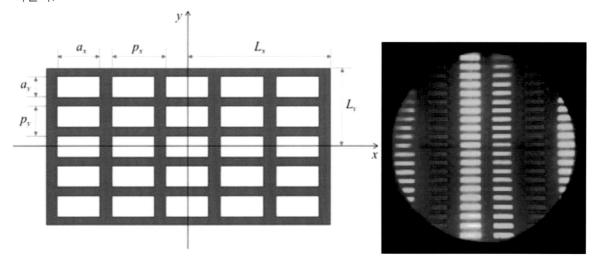

픽셀 배열 구조를 갖는 SLM의 도식화 및 샘플 사진

위에서 설명한 2차원 픽셀 모델을 토대로 $N_x \times N_y$ 행렬 구조를 갖는 이상적인 SLM을 향해 간섭성 및 균질한 밝기 특성을 갖는 조명 빔이 평행하게 입사되는 상황을 고려해보자. 이 입사 빔에 대한 SLM의 투과율 (transmittance) 함수 $A(x, y)$ 는 SLM 전체의 개구 영역과 불연속적인 복소 진폭 (또는 홀로그램) 함수의 곱으로 주어진다. 즉, 유한 크기의 SLM에 입사되는 균질한 밝기를 갖는 평행 평면파의 진폭은 A_0 이고, 연속적인 홀로그램 함수는 $H(x, y)$ 이라고 할 때, 이 SLM 셀을 통과하는 빛의 투과율은

$$A(x,y) = A_0 rect\left(\frac{x}{2L_x},\frac{y}{2L_y}\right)\left[\left\{comb\left(\frac{x}{\delta_x},\frac{y}{\delta_y}\right)H(x,y)\right\}\otimes rect\left(\frac{x}{a_x},\frac{y}{a_y}\right)\right]$$

$$= A_0 rect\left(\frac{x}{2L_x},\frac{y}{2L_y}\right)\sum_{m,n=-\infty}^{\infty}H(m\delta_x,n\delta_y)rect\left(\frac{x-m\delta_x}{a_x},\frac{y-n\delta_y}{a_y}\right)$$

으로 나타낼 수 있다. 여기서, 대괄호의 계산은 픽셀 중심 위치를 지정하는 표본화 격자 함수와 연속적인 홀로그램 함수의 곱에 대한 좌표계 중심에 위치한 단위 개구 함수의 2차원 컨볼루션 (convolution) 관계를 적용한 것임을 유의한다.

공간-대역폭 곱 (Space-Bandwidth Product, SBP)

직사각형 픽셀 격자 구조를 갖는 공간광변조기는 연속적인 함수에 대해서 공간적으로 불연속적인 표본화 (sampling) 과정이 필요하다. 홀로그램에서 기록될 수 있는 정보량은 공간광변조기의 공간 해상도 및 크기 ($x_i \leq |L_i|$)에 직접적인 관계가 있으며, 이 값은 주어진 함수의 자유도(degree of freedom) 수를 알려주는 공간-대역폭 곱 (Space-Bandwidth product, SBP)으로 표현된다. 즉

$$SBP = \prod_i (2L_i)\nu_i$$

여기서, ν_i는 Nyquist 주파수로서 x_i축 방향에 공간광변조기의 최대 공간주파수 폭 (frequency bandwidth)이다. 위의 그림과 같이 해상도 (픽셀 수, resolution) $N_x \times N_y$, 그리고 픽셀 피치 p_x와 p_y의 직사각형 픽셀 구조를 갖는 공간광변조기를 고려해 보자. 그러면, 최대 공간주파수 폭과 픽셀 피치와의 관계는 $p_i = \frac{1}{2\nu_i}$이며, $2L_x \cdot 2L_y = A$는 영상이 표시되는 패널의 총 활성 면적 (active area)이 됨을 알 수 있다. 여기서 한 픽셀의 개구 (aperture), 즉 틈새 크기는 a_x와 a_y이고, 채움 인자 (fill factor)는 $\frac{a_x a_y}{p_x p_y}$로 주어진다. 따라서, 주어진 이 공간광변조기에서

$$SBP = 2L_x\nu_x \cdot 2L_y\nu_y = \frac{2L_x}{2p_x}\cdot\frac{2L_y}{2p_y}$$의 관계로부터 공간-대역폭 곱은

$$SBP = \frac{N_x N_y}{4}$$

이 된다. 그러므로, 공간 대역폭 곱은 공간광변조기의 총 픽셀 수, 또는 주어진 영상 신호 함수를 디스플레이 장치에서 표현하기 위해 필요한 표본의 총 수를 의미함을 알 수 있다. SBP는 주어진 영상 표시 소자의 영상 품질 및 성능 측정의 주요한 지표로서 활용이 되고 있다. 예를 들면, 5.5″ 크기의 QHD (픽셀 피치 47um, 해상도 1440×2560 pixels) 해상도를 갖는 LCOS 패널에서 SBP는 921,600이며, 최대 공간주파수 폭은 10.6 lines/mm이고, 최대 회절각 (λ=633nm)은 ±0.386°이다. 또한, 해상도 208,000×64,000 pixels 및 픽셀 피치 0.5um를 갖는 4.28 인치의 DND칩 패널에서 SBP는 3328×10^6이며, 최대 공간주파수 폭은 10^6 lines/mm이고, 최대 회절각 (λ = 633nm)은 ±39.3°

이다.

DOE (diffractive optical element) 설계에서 사용되는 SBP의 예를 통해 SBP를 살펴보자. 회절 광학
소자로 불리는 DOE 패턴을 반복적 푸리에 변환 알고리즘 (IFTA, Iterative Fourier transform
algorithm)으로 설계할 경우, DOE의 활성영역 (active area) 내부를 불연속적인 셀 ($C_{i,j}$)로 구성되
도록 x축 및 y축 방향으로 샘플링된다. 그리고 진폭의 값은 $A(x,y)_{i,j} = 0,1$을 기본 값으로 설
정한 위상 요소 (binarization)만이 주로 고려된다. 설계하고자 하는 광학 요소를 얼마나 쉽게 최적
화될 수 있는지 보여주는 중요한 지표 중의 하나인 공간-밴드폭 곱이다. 예를 들어, 위상 양각형
(phase relief) DOE에서 공간-밴드폭 곱은 다음과 같이 정의된다.

$$ SBP = \frac{N_x N_y}{p_x p_y} 2^{\alpha_m} $$

여기서 N_i는 각 공간 방향을 따라 DOE를 구성하는 단위 셀의 수, p_i는 그 방향을 따라 단위
셀의 크기, 그리고 α_m은 각 셀에서 DOE를 제작하는 데 사용되는 위상의 레벨 수이다. $N_x \times N_y$
개의 셀들은 어떤 위상 값도 가질 수 있으나, 실제 제작될 때의 사용할 나노 페터닝 장비 규격과
최종 시스템의 광학적 성능에 맞도록 적절한 레벨 값 (예: α_m = 2, 4, 8, 또는 16 levels 등)으로
선택된다.

2. 개구에 의해 회절 (diffraction)된 빛의 장 (field)

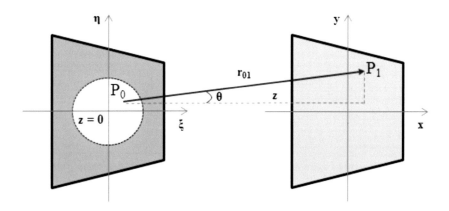

직각 좌표계 표현에서 서로 평행한 두 평면 공간

다음으로 평행 평면파인 빛이 양의 z-축 방향으로 입사되고, 이 빛을 회절시키는 개구가 (ξ, η)
평면 위에 놓여 있을 때, 위의 그림에서 보여주는 것처럼 이 (ξ, η)평면과 평행하면서 수직 거리
$+z$만큼 떨어져 있는 (x, y)평면 상에서 회절된 빛의 장 (lfield of light)을 계산해 본다. P_1과 P_0
사이의 거리 벡터의 크기 r_{01}는 다음과 같이 주어진다.

$$ r_{01} = \sqrt{(x-\xi)^2 + (y-\eta)^2 + z^2} = z\sqrt{1 + \left(\frac{x-\xi}{z}\right)^2 + \left(\frac{y-\eta}{z}\right)^2} $$

P_0에 위치한 개구에서 출발한 빛의 장 $U(\xi, \eta)$에 의해서 거리 r_{01}만큼 떨어져 있는 P_1에서 빛

의 장 $U(x, y)$ 사이의 관계를 알려주는 Huygens-Fresnel 원리는 앞에서 살펴본 바와 같이

$$U(x, y, z) = \frac{1}{i\lambda} \iint U(\xi, \eta) \frac{z \exp(ikr_{01})}{r_{01}^2} d\xi d\eta$$

와 같이 쓸 수 있다. 이 원리는 충분히 떨어진 관측 거리, 즉 개구로부터 파장의 수배만큼 떨어진 거리 ($r_{01} \gg \lambda$)의 가정이 적용되었다. P_0 에 놓여 있는 점광원에 의해 나온 빛이 특정한 각 스펙트럼 (angular spectrum) 범위로 구면파 형태로 발산하는 상황을 묘사하는 광학 모델은 일반적으로 이 Huygens-Fresnel식을 사용한다. 빛을 발하는 입체 물체를 다수의 발광점들로 이루어졌다고 간주 할 때, 이 물체의 표면을 구성하는 점 형태의 각각의 빛샘 (light source)은 홀로그램을 계산을 위한 Huygens emitter라고 불린다.

3. Fresnel 근사화

이제 P_1 과 P_0 사이의 거리인 r_{01} 의 표현식에서 $\left(\frac{x-\xi}{z}\right)^2 + \left(\frac{y-\eta}{z}\right)^2 = a$ 로 치환한 후, 아래와 같이 근호에 대한 이항 전개 (binomial expansion)을 함으로써 거리 r_{01} 의 근사화에 따른 Huygens-Fresnel 식의 근사화를 다루고자 한다.

$$r_{01} = z\left[1 + \left\{\left(\frac{x-\xi}{z}\right)^2 + \left(\frac{y-\eta}{z}\right)^2\right\}\right]^{1/2} = z\left[1 + \frac{1}{2}a - \frac{1}{8}a^2 - \frac{1}{16}a^3 + \cdots\right]$$

Huygens-Fresnel 원리 표현식에서 r_{01} 항이 포함된 지수항은 a 의 1차항까지만을 고려하며, 동시에 r_{01} 관련된 나머지 항에서 $\frac{z}{r_{01}^2} \rightarrow \frac{1}{z}$ 로 근사화하면, Huygens-Fresnel 식은 다음과 주어진다.

$$U(x, y) = \frac{1}{i\lambda z} \iint U(\xi, \eta) \exp\left[ikz\left\{1 + \frac{1}{2}\left(\frac{x-\xi}{z}\right)^2 + \frac{1}{2}\left(\frac{y-\eta}{z}\right)^2\right\}\right] d\xi d\eta$$

$$= \frac{e^{ikz}}{i\lambda z} \iint U(\xi, \eta) \exp\left[\frac{ik}{2z}\left\{(x-\xi)^2 + (y-\eta)^2\right\}\right] d\xi d\eta$$

$$= \frac{e^{ik\left\{z + \frac{(x^2+y^2)}{2z}\right\}}}{i\lambda z} \iint U(\xi, \eta) e^{\frac{ik(\xi^2+\eta^2)}{2z}} e^{-2\pi i\left(\frac{x\xi}{\lambda z} + \frac{y\eta}{\lambda z}\right)} d\xi d\eta$$

이 결과를 Fresnel 근사화 또는 개구의 근접장 (near field) 근사라고 말한다. 근축 근사화의 일종인 Fresnel 근사화를 나타내는 식 $U(x, y, z)$ 은 $z = 0$ 위치인 개구의 오른쪽에서 빛의 복소장 $U(x, y, 0)$ 과 2차 위상 성분의 곱을 Fourier-변환한 것임을 알 수 있다. 또한 이것은 콘볼루션의 핵 (kernel)을 $h(x, y) = \frac{e^{ikz}}{i\lambda z} e^{\frac{ik}{2z}(x^2+y^2)}$ 로 정의하면,

12

$$U(x,y,z) = U(x,y,0) * \left[\frac{e^{ikz}}{i\lambda z} e^{\frac{ik}{2z}(x^2+y^2)} \right] = \iint U(\xi,\eta) h(x-\xi, y-\eta) d\xi d\eta$$

로도 표현될 수 있다.

Huygens-Fresnel 식의 지수항에서 이항 전개 시 a 의 1차항까지만 고려함으로써 유도된 Fresnel 근사화의 타당성은 a 의 2차항에 대응되는 위상 변이 ($\Delta\Phi$)가 충분히 무시될 수 있다는 조건 ($e^{i\Delta\Phi} \to 1$)을 만족할 때에 성립된다. 즉,

$$\Delta\Phi = k\frac{za^2}{8} = \frac{\pi z}{4\lambda} \left\{ \left(\frac{x-\xi}{z}\right)^2 + \left(\frac{y-\eta}{z}\right)^2 \right\}^2 \ll 1$$

이다. 따라서, 이 조건은 관찰 거리 $z^3 \gg \frac{\pi}{4\lambda}\left\{(x-\xi)^2 + (y-\eta)^2\right\}^2$ 의 관계로 표현된다. 예를 들면, 원형 개구면의 직경이 2.54 cm (또는 1인치)이고, 조명 광의 파장이 500 nm 인 경우, Fresnel 근사화가 만족되는 조건은 $z \gg 33.7$ cm 이 되어야 한다. 한편, 원형 개구면의 직경이 20 um이고, 조명 광의 파장이 500 nm 인 경우, Fresnel 근사화가 만족되는 조건은 $z \gg 2.5$ um이 되어야 한다.

4. Fraunhofer 근사화

이상에서 도출한 Fresnel 근사식에서 적분 안의 2차 위상 성분을 갖는 항이 모든 개구에 걸쳐서 1로 근사할 수 있다면, 관찰되는 필드의 강도 $U(x,y)$ 는 다음과 같이 개구 자체에서 초기 광필드 분포를 직접 Fourier 변환시키는 형태로 더욱 간단하게 변형된다.

$$U(x,y,z) = \frac{e^{ik\left\{z+\frac{(x^2+y^2)}{2z}\right\}}}{i\lambda z} \iint U(\xi,\eta) e^{-2\pi i \left(\frac{x\xi}{\lambda z} + \frac{y\eta}{\lambda z}\right)} d\xi d\eta$$

$$= \frac{e^{ik\left\{z+\frac{(x^2+y^2)}{2z}\right\}}}{i\lambda z} F[U(\xi,\eta)]_{\frac{\xi}{\lambda z}, \frac{\eta}{\lambda z}}$$

관측 평면에서 주어지는 세기 $|U(x,y,z)|^2$ 의 이미지를 Fraunhofer 회절 패턴이라고 한다. 이러한 Fraunhofer 회절 근사를 만족시킬 수 있는 조건 ($e^{\frac{ik(\xi^2+\eta^2)}{2z}} \to 1$)은 위상 변이 ($\Delta\Phi$)가 충분히 무시될 때에 성립된다. 즉, $\Delta\Phi = \frac{\pi(\xi^2+\eta^2)}{\lambda z} \ll 1$ 이 된다. 따라서, 이 조건은 관찰 거리 $z \gg \frac{\pi}{\lambda}(\xi^2+\eta^2)$ 의 관계로 표현된다. 예를 들면, 원형 개구면의 직경이 2.54 cm (또는 1인치)이고, 조명 광의 파장이 500 nm 인 경우, Fraunhofer 근사화가 만족되는 조건은 $z \gg 981.3$ m가 되어야 한다. 한편, 원형 개구면의 직경이 20 um이고, 조명 광의 파장이 500 nm 인 경우, Fraunhofer 근사화가 만족되는 조건은 $z \gg 628$ um이 되어야 한다.

예제 1: 얇은 수렴 렌즈에 의한 Fourier 변환 특성

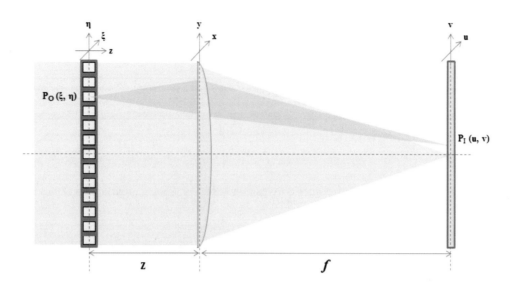

얇은 수렴 렌즈에 의한 Fourier 변환을 위한 구조

위의 그림에서 보여주는 것과 같이, 초점거리 f 인 얇은 수렴 렌즈의 전방에 투과율 $T_A(x, y)$ 를 갖는 입력 슬라이드 (물체 평면)는 이 렌즈로부터 거리 z 만큼 떨어져 있고, 이 렌즈로부터 후방 초점 평면 (f 만큼 떨어진 거리)에 관측 평면이 있다고 하자. 첫째, 우선 고찰할 점으로 수직으로 입사하는 단색 평면파에 의해 진폭 투과율 A 로 균일하게 조사된다고 할 때, 관측 평면에서 빛의 장을 계산해 보자. 얇은 슬라이드를 통과한 빛의 분포 장은 $U_0(\xi, \eta) = AT_A(\xi, \eta)$ 로 주어진다. 그 다음으로 이 얇은 수렴 렌즈로 들어가는 빛의 진폭 분포 장 $U_{L_-}(x, y)$ 은 Fresnel 근사화 관계식 $U_{L_-}(x, y, z) = \iint U_0(\xi, \eta) h(x - \xi, y - \eta) d\xi d\eta$ 을 사용하면, 다음과 같이 주어진다.

$$U_{L_-}(x, y) = \frac{e^{ikz}}{i\lambda z} \iint U_0(\xi, \eta) e^{\frac{ik}{2z}\{(x-\xi)^2 + (y-\eta)^2\}} d\xi d\eta$$

렌즈의 유한한 크기를 정의하는 동공 함수 (pupil function) $P(x, y)$ 즉, $P(x, y) = 1$ (렌즈 개구 내부) 및 $P(x, y) = 0$ (렌즈 개구 외부), 표현식과 수직으로 입사하는 단위 진폭의 평면파에 대한 얇은 렌즈 효과를 나타내는 위상 변환식 $U_{L0}(x, y) = e^{\frac{-ik(x^2+y^2)}{2f}}$ 을 적용하면, 이 얇은 수렴 렌즈 뒤에서 진폭 분포 장은

$$U_{L_+}(x, y) = P(x, y) e^{\frac{-ik(x^2+y^2)}{2f}} U_{L_-}(x, y)$$ 로 주어진다.

$$U_{L_+}(x, y) = \frac{P(x, y) e^{ik\left\{z - \frac{(x^2+y^2)}{2f}\right\}}}{i\lambda z} \iint U_0(\xi, \eta) e^{\frac{ik}{2z}\{(x-\xi)^2 + (y-\eta)^2\}} d\xi d\eta$$

이 된다. 여기서, 입력 슬라이드의 물리적 크기가 렌즈 개구보다 훨씬 작다면, $P(x, y)$ 성분은 무

시될 수 있다. 렌즈의 후방 초점 평면에서 광 분포 장 $U_I(u,v)$을 구하기 위해 렌즈 뒤의 분포 장 $U_{L+}(x,y)$의 Fresnel 회절 관계식을 $z=f$에서 적용하면, $U_I(u,v)$는 다음과 같이 주어진다.

$$U_I(u,v) = \frac{e^{ikf}}{i\lambda f} \iint U_{L+}(x,y) e^{\frac{ik}{2f}\{(u-x)^2+(v-y)^2\}} dxdy$$

$$= \frac{e^{ik(z+f)}}{i\lambda f} e^{\frac{ik}{2f}(u^2+v^2)\left(\frac{f-z}{f}\right)} \iint U_0(\xi,\eta) e^{-2\pi i\left(\frac{\xi x+\eta y}{\lambda f}\right)} d\xi d\eta$$

$$= \frac{e^{ik(z+f)}}{i\lambda f} e^{\frac{ik}{2f}(u^2+v^2)\left(\frac{f-z}{f}\right)} F\big[U_0(\xi,\eta)\big]_{\frac{x}{\lambda f},\frac{y}{\lambda f}}$$

따라서, 재생 평면에서 빛의 장은 2차 위상 성분과 푸리에 변환 관계의 곱으로 나타난다. 둘째, 특별한 경우의 예로서, 단일 렌즈의 $2f$ 이미징 시스템 ($z=f$인 경우)을 고찰해 보자. 그러면, $U_I(u,v)$는 다음과 같이

$$U_I(u,v) = \frac{e^{2ikf}}{i\lambda f} \iint U_0(\xi,\eta) e^{-2\pi i\left(\frac{\xi x+\eta y}{\lambda f}\right)} d\xi d\eta = \frac{e^{2ikf}}{i\lambda f} F\big[U_0(\xi,\eta)\big]_{\frac{x}{\lambda f},\frac{y}{\lambda f}}$$

으로 표현된다. 따라서, 입력 평면이 정확히 렌즈의 전방 초점 위치에 놓인다면, 2차 위상 성분에 의한 위상 왜곡 현상이 제거됨으로써, 정확한 푸리에 변환 관계가 됨을 알 수 있다.

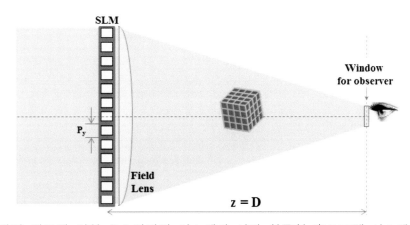

단일 렌즈에 의한 $2f$ 이미징 시스템과 시야 창문형 홀로그램 시스템

한편, 다른 특수한 예로서 입사 평면이 렌즈에 인접한 경우 ($z=0$)을 고려해 보자 (위의 그림). 그러면, $U_I(u,v)$는 다음과 같이

$$U_I(u,v) = \frac{e^{ikf}}{i\lambda f} e^{\frac{ik}{2f}(u^2+v^2)} F\big[U_0(\xi,\eta)\big]_{\frac{x}{\lambda f},\frac{y}{\lambda f}}$$

간략하게 표현된다. 이 식은 홀로그래피 재생 광학계에서 시야 창문형 (viewing window) 홀로그래피 방식에서 사용되고 있는 대표적인 표현식으로서, 얇은 평판형 홀로그래픽 디스플레이 시스템에 적용할 때에 매우 유용하게 활용이 되고 있다.

예제 2: 양의 렌즈의 임펄스 응답

선형 시스템 이론에 의해서, 만일 이 광학 시스템의 수차를 무시한다면, 우리가 이 영상 시스템의 특징인 임펄스 응답 (impulse response) 함수를 알고 있다면, 한 물체의 이미지 필드는 콘볼루션 관계에 의해 완벽하게 결정된다. 광파에서 전파 현상의 선형 특성에 의해서 $U_I(u,v) = \iint h(u,v;\xi,\eta)U_0(\xi,\eta)d\xi d\eta$ 와 같이 영상 필드 분포 $U_I(u,v)$ 는 중첩 적분으로 표현될 수 있다. 여기서 $h(u,v;\xi,\eta)$ 는 물체 평면의 좌표 (ξ,η) 에서 인가되는 단위 진폭을 갖는 점광원에 의해 관측 평면의 좌표 (u,v) 에서 생성되는 필드 진폭이다. 이제 임펄스 응답 함수 $h(u,v;\xi,\eta)$ 를 계산하기 위해 물체 평면에 있는 한 물체가 단위 진폭을 갖는 점광원 $\delta(\xi-\xi_0,\eta-\eta_0)$ 인 것으로 가정해 보자 (아래 그림).

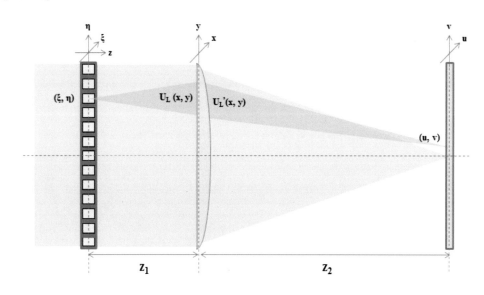

얇은 렌즈에 의한 이미지 생성 광학계

이 점광원에서 출발한 후 렌즈 표면으로 진입하는 광 필드는 Fresnel 회절 적분에 의해 다음과 같이 주어진다.

$$U_{L-}(x,y;\xi,\eta) = \frac{e^{ikz_1}}{i\lambda z_1} \iint \delta(\xi-\xi_0,\eta-\eta_0)e^{\frac{ik}{2z_1}\{(x-\xi)^2+(y-\eta)^2\}} d\xi d\eta$$

$$= \frac{e^{ikz_1}}{i\lambda z_1} e^{\frac{ik}{2z_1}\{(x-\xi_0)^2+(y-\eta_0)^2\}}$$

이 결과는 렌즈로 입사되는 필드는 점 (ξ_0,η_0) 에서 발산하는 구면파의 근축 근사화임을 보여준다. 그 다음으로 얇은 렌즈를 통과한 직후의 필드 분포는 얇은 렌즈의 투과율 식에 의해서

$$U_{L+}(x,y) = e^{\frac{-ik(x^2+y^2)}{2f}} U_{L-}(x,y)P(x,y)$$

으로 주어진다. 마지막으로, 이미지 평면에서 필드는 $U_{L+}(x,y)$ 가 거리 z_2 까지 전파하는 것을 설

명하는 Fresnel 회절 적분을 다시 한번 더 적용하면 다음과 같이

$$h(u,v;\xi_0,\eta_0) = \frac{e^{ikz_2}}{i\lambda z_2}\iint U_{L+}(x,y)e^{\frac{ik}{2z_2}\{(u-x)^2+(v-y)^2\}}dxdy$$

$$= \frac{e^{ik(z_1+z_2)}e^{\frac{ik}{2}\left(\frac{1}{z_1}(\xi_0^2+\eta_0^2)+\frac{1}{z_2}(u^2+v^2)\right)}}{(i\lambda)^2 z_1 z_2}\iint P(x,y)e^{\frac{ik}{2}(x^2+y^2)\left(\frac{1}{z_1}+\frac{1}{z_2}-\frac{1}{f}\right)}e^{-ik\left(x(\frac{\xi_0}{z_1}+\frac{u}{z_2})+y(\frac{\eta_0}{z_1}+\frac{v}{z_2})\right)}dxdy$$

으로 주어진다. 이것은 물체 평면에서 영상 평면까지의 총 광경로인 z_1+z_2 를 지나는 동안에 양의 렌즈에 의한 임펄스 응답으로서 물체 분포 $U_0(\xi,\eta)$ 와 영상 필드 분포 $U_I(u,v)$ 사이의 관계를 연결하는 관계식이다. 렌즈의 특징 중의 하나는 결상 (image formation) 능력이다. 물체 다음에 렌즈를 위치시틴 후에 빛을 조사하면, 적합한 조건에 의해 다른 평면 상에서 물체와 비슷한 세기 분포를 갖는 영상 (image)이 나타난다. 기하광학의 렌즈 법칙인 $\frac{1}{z_1}+\frac{1}{z_2}=\frac{1}{f}$ 은 영상이 정확히 맺히도록 하기 위해 반드시 만족해야 하는 관계식이다. 따라서, 결상 조건 하에서 임펄스 응답 $h(u,v;\xi,\eta)$ 에서 적분 내에 있는 2차 위상 인수를 포함하는 항은 사라지게 된다. 또한 영상 평면에서 세기 분포가 관심의 대상일 경우에 영상과 관련된 위상 분포는 중요하지 않기 때문에 임펄스 응답 식에서 적분 밖에 있는 물체 좌표에 관련된 위상 항은 무시될 수 있다. 즉, 이러한 두 논의한 점들을 반영하면, 임펄스 음답은 다음과 같이 간단하게 표현 될 수 있다.

$$h(u,v;\xi,\eta) \approx \frac{e^{ik(z_1+z_2)}e^{\frac{ik}{2}\frac{1}{z_2}(u^2+v^2)}}{(i\lambda)^2 z_1 z_2}\iint P(x,y)e^{-ik\left(x(\frac{\xi_0}{z_1}+\frac{u}{z_2})+y(\frac{\eta_0}{z_1}+\frac{v}{z_2})\right)}dxdy$$

이때, 수직 방향의 배율 $M=-\frac{z_2}{z_1}$ 의 관계식을 적용하면

$$h(u,v;\xi,\eta) \approx \frac{e^{ikz_1}}{i\lambda z_1}\frac{e^{ikz_2}e^{\frac{ik}{2z_2}(u^2+v^2)}}{i\lambda z_2}\iint P(x,y)e^{-i\frac{2\pi}{\lambda z_2}\{x(u-\xi_0)+y(v-\eta_0)\}}dxdy$$

로 표현된다. 따라서, 렌즈 법칙이 만족되는 이 광학 시스템에 의한 임펄스 응답은 영상 평면 상에 좌표 $(u=M\xi_0, v=M\eta_0)$ 를 중심으로 하는, 렌즈 개구 (lens aperture)의 Fraunhofer 회절 무늬로 주어짐을 알게 된다.

시야각 (observation angle)과 픽셀 관계

재생된 영상을 관찰하는 시청자의 입장에서 재생 공간의 범위를 정의하기 위한 방법으로 시야각이 사용된다. 시야각을 정의하기 위해 아래 그림을 활용하여 살펴본다. 픽셀 피치 p_i 를 갖는 영상 표시 장치의 중앙에 있는 가상의 중심 선을 기준으로 할 때, 우측 방향으로 커지는 각을 양의 값으로 하고, 반대로 좌측방향으로 크지는 각을 음의 값을 갖는다. 재생 장치를 향해 정면으로

입사되는, 결맞는 파면 특성을 가진 평행 빔이 디스플레이 면을 통과하게 되면, 이 영상 재생 장치 내의 주기적인 픽셀 구조에 의해서 회절이 일어나게 된다. 따라서, 각 픽셀을 통과된 광은 특정한 각도 범위를 가지고서 퍼져 나가게 된다. 여기서 각 픽셀로부터 회절된 광에 의해 만들어지는 확산 빔의 최대 각을 최대 시야각 (θ_i, observable angle)으로 정의할 수 있다. 여기서 i 는 좌표축의 방향을 표시한다. 만일 주어진 디스플레이의 단위 픽셀의 길이인 픽셀 피치 (p_i, pixel pitch) 및 정면으로 입사되는 조명광의 파장 (λ)에 대한 최대 시야각 관계는 다음과 같이 주어진다.

$$\sin(2\theta_i) = \frac{\lambda}{2p_i}$$

홀로그램 영상 재생 장치가 제공하는 시야각은 이 장치의 픽셀 구조뿐만 아니라 사용되는 조명광의 파장과 밀접한 관계가 있다.

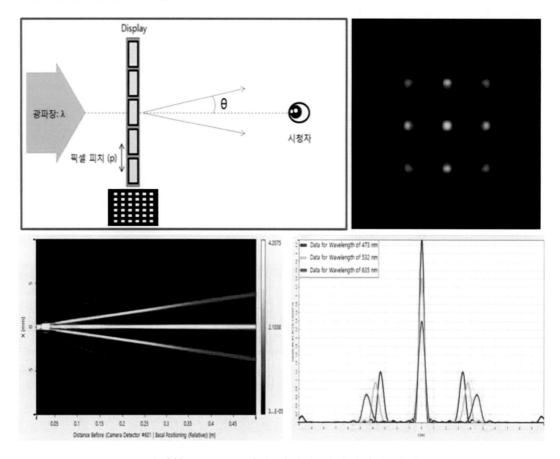

투과형 LCD-SLM에서 픽셀과 시야각과의 관계

예를 들면, 파장 532 nm의 초록색 빛을 p = 1 μm의 픽셀 구조를 갖는 투과형 LCD 패널에 수직하게 조명할 경우, 통과한 빛의 회절 범위는 2θ = 15.42° 또는 θ = 7.71°이 된다. 따라서, 디스플레이 정면 기준에서 시야각은 θ = ±7.71° 라고 말한다.

5. (심화 내용) 회절 격자 (diffractive grating)에서 Fraunhofer 회절

직사각형 개구에서 회절

진폭 투과율 $t(\xi,\eta) = \text{rect}\left(\dfrac{\xi}{2\omega_x}\right)\text{rect}\left(\dfrac{\eta}{2\omega_y}\right)$을 갖는 직사각형 개구를 고려해 보자. 개구의 면적은 $A = 4\omega_x\omega_y$ 로 주어진다. 단위 진폭을 갖는 단색 평면파가 이 개구에 수직으로 입사될 때, 이 개구를 통과하는 필드 분포는 진폭 투과율과 같으므로 $U_0(\xi,\eta) = t(\xi,\eta)$ 이 된다. Fraunhofer 회절 패턴은

$$U(x,y) = \frac{e^{ikz}e^{ik\frac{(x^2+y^2)}{2z}}}{i\lambda z} F\left\{U_0(\xi,\eta)\right\}\Big|_{f_x = x/\lambda z,\, f_y = y/\lambda z}$$

로 주어진다. 여기서 $F\left\{U_0(\xi,\eta)\right\} = A\,\text{sinc}(2\omega_x f_x)\text{sinc}(2\omega_y f_y)$ 로 주어진다. 따라서, 진폭 분포

$U(x,y) = \dfrac{e^{ikz}e^{ik\frac{(x^2+y^2)}{2z}}}{i\lambda z} A\,\text{sinc}(\dfrac{2\omega_x x}{\lambda z})\text{sinc}(\dfrac{2\omega_y y}{\lambda z})$ 에 의한 Fraunhofer 회절 세기 분포는 다음과 같이 주어진다.

$$I(x,y) = \left(\frac{A}{\lambda z}\right)^2 \text{sinc}^2(\frac{2\omega_x x}{\lambda z})\text{sinc}^2(\frac{2\omega_y y}{\lambda z})$$

회절을 관찰하는 위치에 놓인 스크린 상에서 빛의 세기가 극대 위치를 좌표의 중심으로 할 때, 처음으로 0이 되는 두 점 사이의 거리는 각각 $\Delta x = \dfrac{\lambda z}{\omega_x}$ 와 $\Delta y = \dfrac{\lambda z}{\omega_y}$ 이 됨을 알 수 있다.

정현파의 진폭을 갖는 격자 박막에서 회절

격자 간격 $\dfrac{1}{f_0}$ 이면서 진폭 투과율 $t_A(\xi,\eta) = \dfrac{1}{2}\{1 + m\cos(2\pi f_0\xi)\}\text{rect}\left(\dfrac{\xi}{2\omega_x}\right)\text{rect}\left(\dfrac{\eta}{2\omega_y}\right)$을 갖는 정현파의 진폭을 갖는 얇은 격자 구조 (참고: 아래 그림)를 고려해 보자. 단위 진폭을 갖는 단색 평면파가 이 구조에 수직으로 입사될 때, 이 박막을 통과하는 필드 분포는 진폭 투과율과 같으므로 $U_0(\xi,\eta) = t_A(\xi,\eta) = g(\xi,\eta)h(\xi,\eta)$ 이 된다. 여기는 $g = \dfrac{1}{2}\{1 + m\cos(2\pi f_0\xi)\}$ 이고,

$h = \text{rect}\left(\dfrac{\xi}{2\omega_x}\right)\text{rect}\left(\dfrac{\eta}{2\omega_y}\right)$ 이다. 먼저 각 $g(\xi,\eta)$ 와 $h(\xi,\eta)$ 의 Fourier 변환을 하여 보면,

$F\{g\} = \dfrac{1}{2}\left\{\delta(f_x, f_y) + \dfrac{m}{2}\delta(f_x - f_0, f_y) + \dfrac{m}{2}\delta(f_x + f_0, f_y)\right\}$ 그리고,

$F\{h\} = A\,\text{sinc}(2\omega_x f_x)\text{sinc}(2\omega_y f_y)$ 를 얻는다. 여기서 $A = 4\omega_x\omega_y$ 는 이 격자 구조의 면적이다. 콘볼루션 (convolution) 원리에 따라 $\text{sinc}(2\omega_x f_x) \otimes \delta(f_x - f_0) = \text{sinc}[2\omega_x(f_x - f_0)]$ 를 적용하면,

$F\{U_0(\xi,\eta)\} = \dfrac{A}{2}\text{sinc}(2\omega_y f_y)\left\{\text{sinc}(2\omega_x f_x) + \dfrac{m}{2}\text{sinc}[2\omega_x(f_x - f_0)] + \dfrac{m}{2}\text{sinc}[2\omega_x(f_x + f_0)]\right\}$ 을 얻는다.

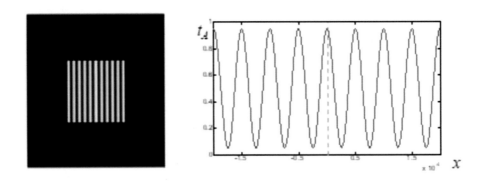

정현파 모양의 진폭을 갖는 격자 구조에서 진폭 투과율 t_A (m =0.9, f_0 = 50μm)의 격자

따라서, Fraunhofer 회절 패턴은

$$U(x, y) = \frac{e^{ikz}e^{ik\frac{(x^2+y^2)}{2z}}}{i\lambda z}\frac{A}{2}\text{sinc}(\frac{2\omega_y y}{\lambda z})\left\{\text{sinc}(\frac{2\omega_x x}{\lambda z}) + \frac{m}{2}\text{sinc}[2\omega_x(\frac{x}{\lambda z} - f_0)] + \frac{m}{2}\text{sinc}[2\omega_x(\frac{x}{\lambda z} + f_0)]\right\}$$

이 됨을 알 수 있다. 진폭 분포 $U(x, y)$ 에 의한 Fraunhofer 회절 세기 분포는 다음과 같이 주어진다.

$$I(x, y) \approx \left(\frac{A}{2\lambda z}\right)^2 \text{sinc}^2(\frac{2\omega_y y}{\lambda z})\left\{\text{sinc}^2(\frac{2\omega_x x}{\lambda z}) + \left(\frac{m}{2}\right)^2\text{sinc}^2[2\omega_x(\frac{x}{\lambda z} - f_0)] + \left(\frac{m}{2}\right)^2\text{sinc}^2[2\omega_x(\frac{x}{\lambda z} + f_0)]\right\}$$

사인파 모양의 투과율 변화에 의해서 중앙에 있는 회절 무늬뿐만 아니라 두 개의 무늬들이 측면에 추가되는 것을 보여준다.

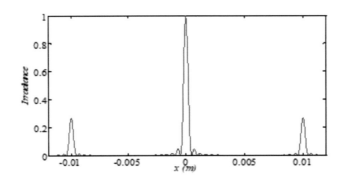

정현파 모양의 진폭을 갖는 얇은 격자에서 Fraunhofer 패턴 (z =1 m)

위의 그림 (관찰 거리: 1m)과 같이 중앙의 회절 빔의 피크를 0차 회절광이라고 부르며, 두 개의 측면에 놓인 두번째 피크에 해당하는 무늬들을 ±1차회절광이라고 각각 부른다. 각 회절 무늬의 극대 위치를 중심으로 하여 처음으로 0이 되는 두 점 사이의 거리는 $\Delta x = \frac{\lambda z}{\omega_x}$ 이다. 격자에 입사되는 빛의 파장이 증가할수록 ±1차 회절이 발생되는 위치는 격자의 중심으로부터 점점 멀어지는 특성 때문에, 회절 격자 부품은 다파장 빔에 대한 색 분리용 광학 요소로도 사용된다.

단위 진폭을 갖는 다중 격자 박막

격자 간격 $\dfrac{1}{f_0}$ 과 진폭 투과율 $t_A(\xi,\eta)=\left[\mathrm{rect}\left(2f_0\xi\right)\otimes f_0\mathrm{comb}\left(f_0\xi\right)\right]\mathrm{rect}\left(\dfrac{\xi}{2\omega_x}\right)\mathrm{rect}\left(\dfrac{\eta}{2\omega_y}\right)$ 을

갖는 주기적인 단위 진폭을 갖는 얇은 격자 구조를 고려해 보자. 단위 진폭을 갖는 단색 평면파 가 이 격자 구조에 수직으로 입사될 때, 이 박막을 통과하는 필드 분포는 진폭 투과율과 같으므로 $U_0(\xi,\eta)=t_A(\xi,\eta)=g(\xi,\eta)h(\xi,\eta)$ 이 된다. 여기서 $g(\xi,\eta)=\mathrm{rect}\left(2f_0\xi\right)\otimes f_0\mathrm{comb}\left(f_0\xi\right)$ 이

고, $h(\xi,\eta)=\mathrm{rect}\left(\dfrac{\xi}{2\omega_x}\right)\mathrm{rect}\left(\dfrac{\eta}{2\omega_y}\right)$ 로 주어진다.

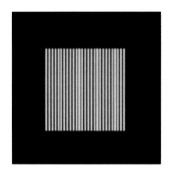

단위 진폭을 갖는 다중 격자 구조에서 진폭 투과율 t_A (f_0 = 50μm)의 격자

먼저 각 $g(\xi,\eta)$ 와 $h(\xi,\eta)$ 의 Fourier 변환을 하면,

$$F\{g(\xi,\eta)\}=\frac{1}{2f_0}\mathrm{sinc}\left(\frac{f_x}{2f_0}\right)\mathrm{comb}\left(\frac{f_x}{f_0}\right)\delta(f_y)\ ,\ \text{그리고,}$$

$F\{h(\xi,\eta)\}=A\mathrm{sinc}(2\omega_x f_x)\mathrm{sinc}(2\omega_y f_y)$ 를 얻는다. 여기서 $A=4\omega_x\omega_y$ 는 이 격자 구조의 면적이

다. 따라서 $F\{U_0(\xi,\eta)\}=\left[\dfrac{1}{2f_0}\mathrm{sinc}\left(\dfrac{f_x}{2f_0}\right)\mathrm{comb}\left(\dfrac{f_x}{f_0}\right)\delta(f_y)\right]\otimes A\mathrm{sinc}(2\omega_x f_x)\mathrm{sinc}(2\omega_y f_y)$ 을

얻는다. 관계식 $\mathrm{comb}\left(\dfrac{f_x}{f_0}\right)=f_0\displaystyle\sum_{n=-\infty}^{\infty}\delta(f_x-nf_0)$ 및

$\delta(f_x-nf_0)\otimes\mathrm{sinc}(2\omega_x f_x)=\mathrm{sinc}[2\omega_x(f_x-nf_0)]$ 을 적용하여 정리하면,

$$F\{U_0(\xi,\eta)\}=\left[\frac{1}{2}\mathrm{sinc}\left(\frac{f_x}{2f_0}\right)\sum_{n=-\infty}^{\infty}\delta(f_x-nf_0)\delta(f_y)\right]\otimes A\mathrm{sinc}(2\omega_x f_x)\mathrm{sinc}(2\omega_y f_y)\ \text{는}$$

$$F\{U_0(\xi,\eta)\}=\frac{A}{2}\mathrm{sinc}(2\omega_y f_y)\sum_{n=-\infty}^{\infty}\mathrm{sinc}\left(\frac{nf_0}{2f_0}\right)\mathrm{sinc}[2\omega_x(f_x-nf_0)]\ \text{이 된다.}$$

따라서, Fraunhofer 회절 패턴은

$$U(x,y)=\frac{e^{ikz}e^{ik\frac{(x^2+y^2)}{2z}}}{i\lambda z}\frac{A}{2}\mathrm{sinc}(\frac{2\omega_y y}{\lambda z})\sum_{n=-\infty}^{\infty}\mathrm{sinc}\left(\frac{n}{2}\right)\mathrm{sinc}\left[2\omega_x\left(\frac{x}{\lambda z}-nf_0\right)\right]$$

이 됨을 알 수 있다. 진폭 분포 $U(x,y)$ 에 의한 Fraunhofer 회절 세기 분포는 다음과 같이 주어

진다.

$$I(x,y) = \left(\frac{A}{2\lambda z}\right)^2 \text{sinc}^2\left(\frac{2\omega_y y}{\lambda z}\right)\left\{\sum_{n=-\infty}^{\infty} \text{sinc}\left(\frac{n}{2}\right)\text{sinc}\left[2\omega_x\left(\frac{x}{\lambda z} - nf_0\right)\right]\right\}^2$$

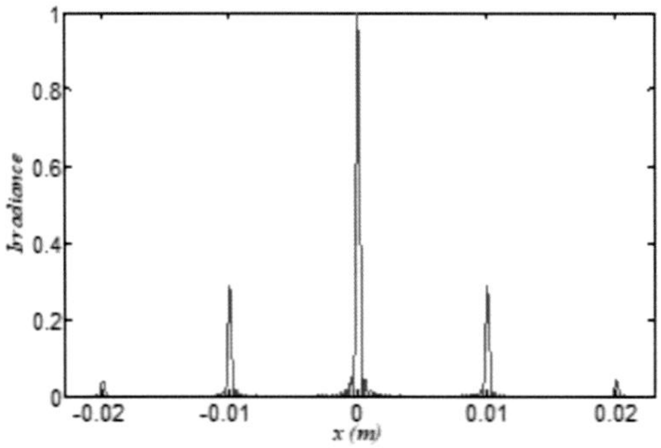

정현파 모양의 진폭을 갖는 얇은 격자에서 Fraunhofer 패턴 (z =1 m)

위의 그림은 주기적인 격자 패턴에 의해 입사빔의 투과율 변화 특성으로 말미암아 회절을 관찰하는 위치 (관찰 거리: 1m)에 놓인 스크린 상에서 좌표의 중심에서 가장 강한 세기의 0차 회절 광뿐만 아니라 측면 방향을 따라서 추가적인 다른 차수의 회절 광들이 나타나는 것을 보여준다.

표본화 정리 (Sampling theorem)

디스플레이에서 대부분의 신호 처리 장치들은 디지털 방식을 사용하고 있다. 여기서 디지털은 연속적인 아날로그 신호 곡선이 이진수로 변환된 것 (analog to digital conversion)을 의미한다. 디지털 신호는 양자화된 불연속적인 값을 갖는 신호이다. 이 디지털 신호를 얻기 위해서 짧은 시간 간격으로 아날로그 신호들을 측정해야 하는 신호의 표본화 (sampling) 과정이 필요하다. 아날로그 신호를 디지털화하는 표본화 과정에서 사용된 표본화 함수는 일련의 Dirac 펄스 함수 ($\Delta_T(t)$)로서 펄스 간격이 T (표본화 주기)일 경우에 다음과 같이 정의 된다.

$$\Delta_T(t) = \sum_{n=-\infty}^{\infty} \delta(t-nT)$$

여기서 Dirac pulse delta 함수는 다음과 같이 정의된다.

$$\delta(t) = \begin{cases} +\infty, & x = 0 \\ 0, & x \neq 0 \end{cases}$$

$$\int_{-\infty}^{\infty} \delta(x)dx = 1$$

따라서, 표본화 진동수 (sampling frequency)는 $f_s = \dfrac{1}{T}$ 로 주어진다. 아날로그 신호에 위와 같은 일련의 펄스신호를 곱함으로써 표본화 과정이 이루어진다. 최대 진동수 (f_m)를 갖는 아날로그 신호를 적절히 디지털화하기 위해서 $f > 2f_m$ 의 진동수로 표본을 취득할 필요가 있다. 이를

Nyquist-Shannon 표본화 정리라고 한다.

예제: 표본화 (sampling) 함수

다음의 식 $I(x) = \text{rect}\left(\dfrac{x}{a}\right) \otimes \dfrac{1}{b}\text{comb}\left(\dfrac{x}{b}\right)$ 을 계산하고, 그 결과가 갖는 의미를 해석하여 보자

먼저 $\dfrac{1}{b}\text{comb}\left(\dfrac{x}{b}\right) = \displaystyle\sum_{n=-\infty}^{\infty} \delta(x - bn)$ 관계식을 이용하여 콘볼루션을 적용하여 보면, 다음과 같다.

$$I = \text{rect}\left(\frac{x}{a}\right) \otimes \sum_{n=-\infty}^{\infty} \delta(x - bn) = \int \text{rect}\left(\frac{\xi}{a}\right) \sum_{n=-\infty}^{\infty} \delta\big((x - \xi) - bn\big) d\xi .$$

이것을 계산하면, $I(x) = \displaystyle\sum_{n=-\infty}^{\infty} \text{rect}\left(\dfrac{x - bn}{a}\right)$ 가 된다. 이 결과 식을 살펴보면 다음과 같다. 즉,

$\text{rect}\left(\dfrac{x}{a}\right)$ 함수를 좌표 원점 (0,0)에 중심으로 위치되어 있고, x축을 따라서 간격 b를 가지면서 좌측/우측에서 이 rect 함수와 동일한 형태가 무한히 배열되어 있음을 알 수 있다. 참고로, 이 comb 함수를 주어진 어떤 연속 함수에 단순히 곱할 경우, 이 원래 연속 함수를 표본화 (sampling)시키는 특징을 가지고 있다. 그래서 이 comb 함수를 sampling 함수라고 불리기도 한다.

6. 홀로그래피용 디스플레이 장치

 제작된 홀로그래피 콘텐츠를 평가하고 검증하기 위해서 홀로그래피용 디스플레이 장치가 필요하다. 공간 광변조기로 활용 가능한 현존하는 평판형 전자 디스플레이는 아래 그림과 같이 LCD (Liquid crystal display), LCoS (Liquid crystal on silicon), 그리고 DMD (digital mirror-based device)로 크게 분류될 수 있다. 아래에서 각 소자에 대한 고찰을 통한 이들 간의 특성들을 비교해 본다.

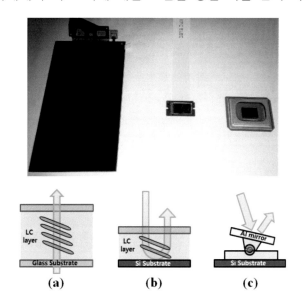

상용 공간광변조기의 종류: (a) LCD-SLM, (b) LCoS-SLM, 그리고(c) DMD-SLM.

1) 투과형 (transmissive-type) 액정-SLM

투과형 액정 공간광변조기 (LCD-SLM)는 두 장의 투명한 기판 사이에 액정이 채워진 셀들이 능동 매트릭스 구조로 이루어져 있으며, 각 셀을 전기적으로 제어하여 통과하는 빛의 변조가 가능한 디바이스이다. 투과형 LCD-SLM에서 셀의 두께 (cell gap)가 d 일 때, 위상 변조의 량이 $\Delta\Phi = 2\pi(\Delta n \cdot d)/\lambda \geq 2\pi$ 의 조건을 충족해야 한다. 여기서 Δn 은 셀 내에서 액정 굴절률의 최대 변화량이고, λ 는 셀을 투과하는 광의 파장이다. 최근 이중 위상의 결합 변조 방법 및 서브홀로그램 방식을 사용하여 ECB (electro-controlled birefringence) 액정 모드로 제작된 투과형 LCD 타입의 SLM이 실험적으로 검증되었다. 이 실험에서 상용된 디바이스의 활성 영역 53.8 mm × 40.3 mm (대각 방향 길이 2.65″), 픽셀 크기는 168 μm × 28 μm, 총 픽셀 수는 0.46M 개, 그리고 채움 인자 (fill factor)는 46.8%이다. 또한, 셀의 두께를 4.0 μm으로 설계함으로써 구동 전압 6.5 V 하에서 액정의 응답 시간은 16.7 msec이다.

모델 명	LCD-Z5
제작 기관	SONY
디스플레이 타입	Transmissive LCD
해상도	2,160 x 3,840 (806 ppi)
대각 방향 길이	5.5 인치
크기	120 mm x 67.7 mm
픽셀 피치	47 μm x 47 μm
픽셀 갭	15 μm
프레임 비율	≧ 47%
개구율	30 fps
모델 명	진폭

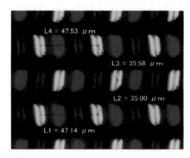

투과형 LCD-SLM의 예

이러한 투과형 LCD-SLM은 현 TFT-LCD 제조 공정을 힘입어 대형 TV 정도로 대면적 확장이 기술적으로 가능하다는 장점이 있다. 그러나, 현재 LCD 패널에 내장된 TFT (thin film transistor) 구동 소자는 유리 기판 상에서 박막 구조로 형성된다. 유리 기판은 Si 기판보다 표면 평탄도 수준이 더 낮다. 그래서 이 유리 기판 위에서 진행되는 미세 패터닝 (photolithography) 공정 특성으로 인해, 신뢰성 있는 LCD-SLM의 최소 픽셀 크기는 5 μm 정도까지가 한계인 것이 단점이다. 따라서, 투과형 LCD-SLM이 디지털 홀로그래피용으로 적용되기 위해서 협소한 관측 시야각 문제를 해결할 수 있는 대안들이 요구된다. 또다른 도전적인 요소 기술은 더 빠른 응답속도와 더 높은 이방성을 동시에 제공해 주는 새로운 액정 재료 또는 복굴절성 대체 재료를 개발하는 것이다. 투과형 ECB모드의 LCD-SLM용으로 사용되고 있는 네마틱 (nematic) LC 재료는 상대적으로 높은 유전 비등방성 (dielectric anisotropy)을 가져야 한다. 이러한 요구사항이 상대적으로 높은 점성을 야기하게 되는데, 이것은 결과적으로 응답 속도를 느리게 하는 요인이 된다. 위의 그림은 2015년 11월에 SONY 사가 출시한 것으로 유리 기판에서 IPS (in-plane switching) 액정 모드를 적용한 투과형 LCD 단말의 예를 보여준다.

2) 반사형 (reflective-type) 액정-SLM

대표적인 반사형 공간광변조기인 LCoS-SLM에 대하여 살펴보자. LCoS는 배면 쪽 기판에 각 픽셀마다 반사물질로 적층되어 있는, CMOS Si 백플레인을 갖는 액정 표시장치이다. 입사되는 빛이 LC층을 투과한 후, 흡수율이 매우 낮은 알루미늄 코팅 층에 의해서 반사되어 출광된다. 액정 물질이 갖는 복굴절성 때문에 백플레인 회로에 인가되는 전압에 의해서 굴절율 변화 (Δn)가 발생되고, 결국 이 디바이스를 지나가는 광 파면의 위상 지연이 유발된다. ECB-모드의 LCoS는 2π 위상 변조가 가능한 광변조기이다. 반사형 LCoS-SLM에서 셀의 두께 (cell gap)가 d 일 때, 액정층을 왕복해서 지나는 광의 위상 지연은 $\Delta\Phi = \pi(\Delta n \cdot d)/\lambda$ 으로 주어진다.

모델 명	JD4704 Q4K70
제작 기관	Jasper Display Corp.
디스플레이 타입	Reflective LCOS
해상도	4096 x 2400
대각 방향 길이	0.7 인치
크기	15. 6 mm x 9.2 mm
픽셀 피치	3.74 μm x 3.74 μm
픽셀 갭	0.2 μm x 0.2 μm
프레임 비율	480 fps
개구율	≧ 89%
변조 타입	위상

반사형 LCoS-SLM 소자의 예

최근 Jasper Display는 위상 변조용으로 9.8M 픽셀 급의 반사형 LCoS (활성영역 15.6mm×9.2mm (대각 길이 0.7인치), 픽셀 간격: 3.74 μm × 3.74 μm)를 개발하였다. 비록 이 반사형 액정 표시장치가 투과형 액정 표시장치보다 더 미세한 픽셀 크기, 더 우수한 광 효율과 높은 채움 인자를 제공할지라도, 홀로그래피 응용 측면을 고려해 볼 때 반사형 표시장치는 제한적인 디스플레이 크기뿐만 아니라 충분한 회절각을 제공하지 못하는 한계점을 지니고 있다. 점점 픽셀 피치가 작아지면, 인접한 픽셀을 위한 구동 전압에 의한 전기장이 해당 픽셀 내의 액정에 끼치는 영향력이 점점 더 커지게 된다. 이 현상을 약화시키기 위해 셀 갭을 줄이거나, 구동 전압을 낮출 수 있는 픽셀 전극 구조 및 액정 재료를 개발해야 한다. 적색광의 파장을 λ_R 라고 하면, 반사형 LCoS-SLM를 설계할 경우에 위상 변조의 량이 $\Delta\Phi = \pi(\Delta n \cdot d)/\lambda_R \geq 2\pi$ 의 조건을 충족해야 한다. LCoS-SLM용 셀 설계 및 제조 공정에 있어서 광경로차 $\Delta n \cdot d$ 을 극대화하는 방향을 추구해야 함을 알 수 있다. 예를 들어, 신규 액정 재료 개발의 주요 방향은 고굴절률 차이 특성을 제공하면서, 동시에 빠른 응답 속도 성능과 고신뢰성을 동시에 충족해야 한다. 위의 그림은 2014년 4월에 대만의 Jasper Display사가 발표한 것으로 Si 기판을 이용한 4K급 반사형 LCoS 단말의 예를 보여준다.

3) 반사형 DMD-SLM

DMD (digital micromirror device)는 1987년에 Texas Instruments (TI)사에서 근무하는 Larry Hornbeck과 William Nelson에 의해 고안되었다. Discovery 4100 시리즈가 출시된 이래로, 미세 거울들이 사각형 행렬 모양으로 배열로 이루어진 디지털-거울 기반 DMD는 공간광변조기용으로 오랫동안 개발되어 왔다. DMD 칩은 표면에 미세 거울들이 직사각형 행렬 모양으로 배열된다. 이러한 직사각형으로 배치된 각 거울은 디스플레이된 영상에서 픽셀에 대응된다. 각 거울은 힌지 축을 중심으로 해서 독립적으로 (예를 들면, ±10°로) 회전할 수 있다. 광원과 투사 렌즈 엔진과 결합된 이 칩에 디지털 영상 신호를 입력하면, 모든 작은 거울들은 디지털 영상을 스크린 위에 반사시킨다. 이 DMD 칩 내부의 작동 원리는 다음과 같다: ON 위치 상태의 경우에 힌지 (hinge) 위에 올려진 거울은 광원을 향하여 기울어져서 스크린 상에서 밝게 나타나는 반면에, OFF 위치 상태의 경우에 힌지 (hinge) 위에 올려진 거울은 광원을 반하여 기울어져서 스크린 상에서 어둡게 나타난다. 초당 수천 번의 ON/OFF 스위칭을 수행하면서, 256 단계, 1024 단계 등과 같은 계조 (grey scale) 표현이 가능하게 된다.

최근 CMOS 회로 상층부에 저온 폴리-SiGe MEMS 프로세스를 사용하여 마이크로미터-이하 픽셀 크기의 칩 관련 연구 결과도 발표되었다. 이 MEMS 공정기술은 10.9메가픽셀 급의 SiGe 기반 마이크로 거울 디바이스 (활성 영역 41.6mm×16.8mm, 픽셀 간격: 8μm×8μm) 개발을 가능하게 하였다. 이 디바이스는 MEMS-거울 배열로서 각 픽셀은 알루미늄으로 코팅되어 있고, 각 픽셀은 구동 전압 (0V, 6V) 스위칭에 의해 기울기 각도 변조 제어가 가능하다. 이러한 DMD-SLM은 고반사율 거울을 사용하기 때문에 우수한 광 효율을 제공할 수 있는 장점을 가진다. 반면에, 디스플레이 화면 크기가 작을 뿐만 아니라 홀로그램의 간섭 패턴을 2단계 밝기 계조값 (binary grey-level)으로만 인코딩하기 때문에 홀로그래픽 영상 화질 측면에서 3D 장면의 세부적인 표현 능력이 낮은 단점을 갖고 있다. 이를 해결하기 위해 하드웨어적으로 고속의 ON/OFF 스위칭을 수행하는 방식으로 여러 단계의 계조 표현이 가능하도록 연구하고 있다. 아래 그림은 벨기에 IMEC 연구소에서 SLM용 MEMS 공정 기반 나노미러 디바이스 구현을 목적으로 제작된 데모 샘플의 이미지 및 이 샘플의 스펙을 보여준다.

모델 명	IMEC DND
제작 기관	IMEC
디스플레이 타입	Reflective Mirror
해상도	208,000 x 64,000
대각 방향 길이	4.28 인치
크기	104 mm x 32 mm
픽셀 피치	0.5 μm x 0.5 μm
픽셀 갭	.
프레임 비율	≧95%
개구율	Static only
모델 명	위상

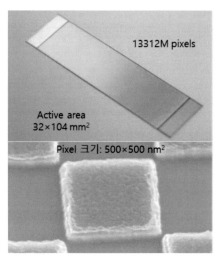

DND-SLM 소자의 예

이상에서 살펴본 SLM용 디바이스들은 각 소자에 적합한 제조 공정상의 특성들 및 디스플레이 강점들에 따라 소형 패널과 대형 패널로 구분되어 홀로그래피 산업 부문의 핵심으로서 각각 발전될 것으로 전망된다.

7. 결맞음 특성을 제공하는 조명 광학계

Holographic Display의 핵심 구성 요소는 RGB 광원과 빔 결합기를 포함하는 조명부 (coherent Back-Light Unit), 가간섭성 빔의 확대 (Beam enlarging) 기능을 갖는 평면파 생성부 (collimated and expanded beam generator), 그리고 삼차원 공간 상에 빛을 변조할 수 있는 영상 표시 장치 (Spatial Light Modulator)를 포함하는 디스플레이부로 이루어진다. 여기서 조명부와 평면파 생성부 장치의 요구 사항으로, 디스플레이 활성 영역으로 빔의 확장성을 가지면서 삼원색으로부터 백색 (white color)까지의 색재현성을 제공해야 한다. 홀로그래피용 조명 빔은 가간섭광, 평면 파면, 빔 세기의 균일, 그리고 선 편광 상태를 가지는 것을 특징으로 한다. 이러한 특성을 확보하기 위해 조명 광원부의 주요 구성 부품은 삼원색의 각 광원 생성하는 RGB 레이저와 이들을 가우시안 빔 형태로 출력시킬 수 있도록 광섬유 (optical fiber)로 상호 연결시키는 Beam combiner등을 사용할 수 있다. 이때, 광섬유 결합 (fiber coupling) 방식에 의한 빔 출력 단자는 가우시안 빔 형상으로 백색광을 출력시킬 수 있다.

조명 광학계는 일반적으로 간섭성이 우수한 레이저 광원과 빔 균일성 및 평면 파면 특성을 생성하는 도광판으로 구성된다. 빛의 간섭성으로 공간적인 결맞음 (spatial coherence)과 시간적인 결맞음 (temporal coherence)이 있다. 만족할 만한 홀로그램을 기록하는 과정에서 요구되는 공간적 결맞음 거리는 물체광과 기준광 간의 최대 광 경로 (optical path) 차이보다 더 길어야 한다. 홀로그램 영상 복원에서 요구되는 적절한 광원은 SLM 면으로부터 수 cm 범위 정도의 가간섭 거리를 제공할 수 있어야 한다. 공간적인 결맞음 요구 조건은 만일 레이저가 가장 낮은 차수의 종방향 모드(transverse mode)인 TEM_{00} 모드 즉 가우시안 모드 (Gaussian mode)에서 진동하게 되면, 자동적으로 보장된다. 또한 이 모드의 장점은 가장 균일한 빔 세기로 조명할 수 있다. 이 가우시안 빔은 빔 중심으로부터 수직 거리가 w 일 때, 빔의 세기가 빔 중심의 세기보다 $1/e^2$ 만큼 감소한다면, 빔의 중심에서 수직 거리 r 에서 TEM_{00} 모드의 빔 세기 형상은 $I(r) = I(0)e^{-2r^2/w^2}$ 의 관계로 주어진다.

가우시안 모드의 레이저 빔이 지나가는 경로에서 만나는 광학 구성품들의 표면 상에 존재하는 먼지 또는 결함으로 인해서 산란과 임의 방향으로 회절된 간섭 패턴들, 즉 공간적인 잡음들이 만들어지게 된다. 간섭성이 좋은 레이저로부터 깨끗한 가우시안 빔을 얻기 위한 방법들은 다음과 같다. 첫째, 현미경 대물렌즈와 이 렌즈의 광축 상의 초점 위치에서 바늘 구멍 (pin hole)을 삽입함으로써 이러한 잡음들이 제거될 수 있다. 이 대물 렌즈의 초점 거리 (f)에서 가우시안 빔 점 (beam spot)의 직경 (d)은 $d = \dfrac{2\lambda f}{\pi w}$ 로 주어진다. 만일 바늘구멍의 직경이 d 보다 작다면, 임의 방향으로 회절된 빛들이 차단되어 결국 투과된 빔은 부드러운 TEM_{00} 모드의 단면을 갖게 된다. 둘째, 광학 섬유를 이용하여 빔을 통과시키면 공간적 잡음들을 필터링 할 수 있다. 광섬유의 출력 단자로부터 출력된 빔은 특정한 각도 범위 내에서 구면파 형태로 방사되어 나오며, 출력 단자로부터 초점 거리에 놓인 단일 볼록 렌즈를 이용하여 구면파를 평면파로 만들 수 있다.

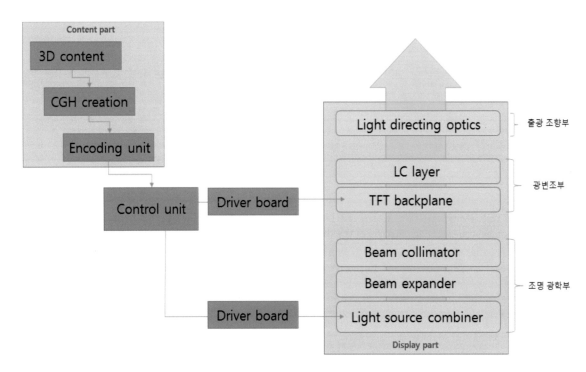

투과형 LCD 기반 홀로그래픽 디스플레이 시스템의 구성도

한편, 결맞음 시간 (τ_c, coherence time)은 사용할 레이저의 선폭 ($\Delta \nu$, linewidth)의 역수 관계를 갖는다. 즉, $\tau_c = 1/\Delta \nu$. 이에 대응되는 결맞음 길이는 $L_c = c\tau_c = c/\Delta \nu$ 로 주어진다. 예를 들면, 단일모드 He-Ne 레이저가 선폭 1Mz를 갖는 경우라면, 결맞음 시간은 $1\,\mu s$ 이며, 따라서 시간적인 결맞음 길이는 300 m가 된다. 이에 비해서, 다중 모드로 작동되는 He-Ne 레이저 (λ =632.8 nm)의 선폭이 1500 MHz일 경우라면, 결맞음 시간은 $\tau_c = 6.67 \times 10^{-10} s$ 이며, 따라서 시간적인 결맞음 길이는 L_c = 0.2 m가 된다. 광학 테이블에서 양질의 이미지 홀로그램을 기록하기 위해서 단일 길이 방향 모드 (single longitudinal mode)를 제공하는 레이저를 사용하는 것이 바람직하다.

8. 홀로그램 필름 기반의 후방면 조명 광학 기구 (BLU) 제작

디지털 홀로그래픽 디스플레이 시스템에서 입체 영상을 재생하는 투과형 공간광변조기 (transmissive SLM)에 가간섭성의 (coherent) 면 광원 생성 장치는 필수 요소이다. 여기서 고해상도를 갖는 SLM은 투과형으로 평판 디스플레이 타입을 사용한다. 디지털 홀로그래픽 디스플레이 시스템에서 입체 영상을 생성하는 투과형 공간광변조기 (SLM)는 LCD 기반 단말이다. 이 투과형 LCD_SLM을 조명하기 위한 조명 시스템은 가간섭성 레이저 빔에 적합한 back-light unit (BLU) 형태를 갖는다. 디스플레이 단말 크기의 레이저 빔을 만들기 위해서는 이 단말 크기의 직경을 갖는 렌즈가 필요하다. 만일 일반적인 굴절형 렌즈를 적용할 때, 단말이 커짐에 따라 렌즈의 제조 비용뿐만 아니라 시스템의 전체 무게에 큰 영향을 미친다.

태양이 지표면 근처에 떠있는 석양 무렵에 낮은 각도로 비추는 태양광에 의해 사람의 그림자가 지표면에서 길게 늘어져서 투영되는 것처럼, 작은 직경의 레이저 빔을 큰 경사각으로 제1의 유리 기판에 투사(예: 입사각 85°)시키면, 레이저 빔은 한쪽 방향으로 길쭉한 타원형이 되어, 결국 한쪽 방향으로 직경이 증가하게 된다. 그 다음으로, 긴 타원형의 레이저 빔을 장축의 수직방향을 향해

85°로 제2의 유리기판에 다시 투사시키면, 이 타원의 제2 방향인 단축을 확대시킬 수 있다. 이와 같은 2단계를 거침에 따라 직경이 작은 레이저 빔으로부터 전체 디스플레이 면적을 비추기에 충분한 크기의 원형빔으로 확장될 수 있다. 이 원리를 토대로하여 결맞는 평면 광파면을 만들 수 있다. 예를 들어, 투과형 SLM용으로서 평행 직진광 형태로 2차원 평면 광원을 생성시키는 홀로그래픽 도광판 (light-wave guide)과 함께 평판형 수렴 렌즈 (flat converging lens)를 포함하는 광학계를 제작하는 것이 바람직하다. 이를 위하여, 본 절에서 가간섭성 면광원 생성용 기구로서, 간섭가능한 평면파 특성을 제공하는, 투과형 홀로그래픽 BLU (backlight unit)를 포함한 광학 설계애 대하여 설명한다.

방식	LED-lens Array	Surface grating guide	Wedge-typed Waveguide
기관	SeeReal Tech.	SSE	Microsoft
구조	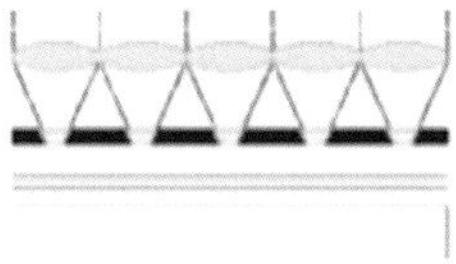	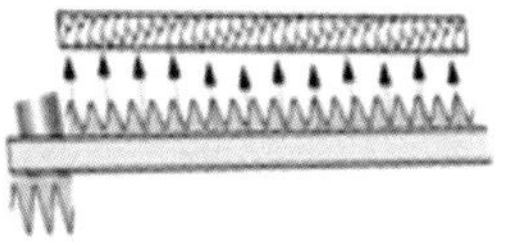	
원리	LED/lenticular lens array에 의한 집광된 빔 출력	도광판/HOE층 구조에 의한 빔 출광	Wedge 형태의 도광판 구조에 의한 빔 출광
특성	비 점광원 LED 특성 문제, 렌즈 수차 발생	다중 반사 과정에 의한 가간섭성 감소	출광된 Beam 세기의 비 균일도

기존 도광판의 종류들

투과형으로 제작된 홀로그램 기록 필름은 초록 파장 영역에서 반응하는 포토폴리머 (Photorefractive layer) 재료를 사용하며, 이 green 파장 (HOE 기록용 빔 특성: λ = 532 nm, 30 mJ/cm^2)에서 도광판 재료로서의 적합한 특성을 지원해야 한다. 제작된 도광판이 투과형 공간광변조기 (SLM)에 가간섭성 (coherent) 면 광원 생성 기능을 지원하도록 설계된다. 여기서 도광판은 반사형 요소 및 투과형 요소로 구성된다. 또한 BLU로부터 출광된 이 green 파장의 평면파가 투과하면서 한 초점에 맞히게 하는 평판형 수렴 렌즈 (예: 초점 거리 50 cm)를 포함한다.

아래 그림과 같이 BLU 시스템은 디지털 홀로그래픽 디스플레이에서 입체 영상을 생성하는 공간광변조기 (SLM)를 향하여 빛을 전달할 수 있도록 두 종류의 도광판 (빔 guiding용 도광판 A와 빔 출력용 도광판 B)을 고정시키는 지지물 및 이 지지물을 통한 두 도광판이 결합된 형태로 구성된다.

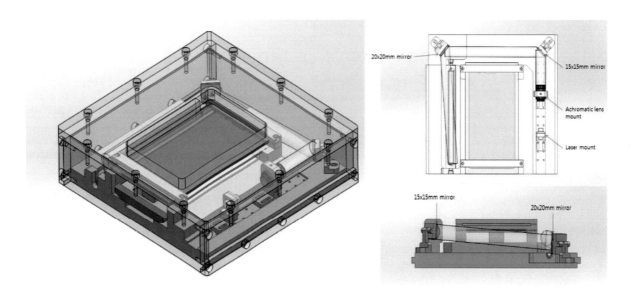

BLU 시스템의 개념도

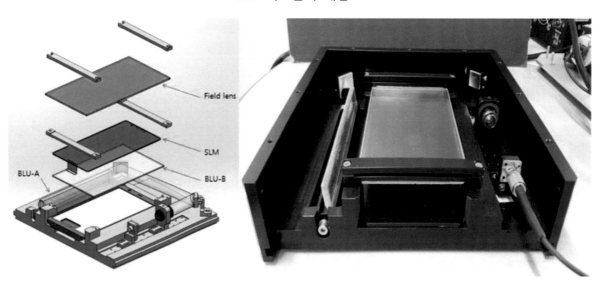

BLU 시스템의 구성 요소 (좌) 및 실제 구현된 예(우)

투과형 공간광변조기를 조명하기 위해 빔 경로 제어 가능한 홀로그램 필름 기반의 도광판은 다음의 특성을 지원하도록 제작된다. 홀로그래픽 디스플레이용 BLU로 사용될 수 있도록 디스플레이의 활성영역 크기로 기록된 반사형/투과형 홀로그램 필름은 Kogelnik 회절 효율이 90% 이상이 적절하다. 또한, 2차원 면 광원으로 출력되도록 기록된 기능성 홀로그램 필름은 선편광 상태의 빔 출력 특성, 빔 세기 분포의 균질성 (샘플의 유효 활성 영역 (예: 120 mm x 70 mm)에서 회절 효율 범위: 94%~95%), 그리고 평행 직진성 (평행 직진성: 면 광원으로 출력되는 빔의 발산각 0.4° 미만)을 제공해야 한다. 디지털 홀로그래픽 디스플레이 시스템에서 입체 영상을 재생하는 반사형 공간광변조기 (reflective SLM)에 가간섭성의(coherent) 면 광원 장치는 필수 요소이다.

9. 홀로그램 필름 기반의 전방면 조명 광학 기구 (FLU) 제작

디지털 홀로그래픽 디스플레이 시스템에서 입체 영상을 재생하는 반사형 공간광변조기 (reflective SLM)에서도 가간섭성의(coherent) 면 광원 생성 장치는 필수 요소이다. 여기서 고해상도를 갖는 SLM은 LCoS와 같은 반사형으로 평판 디스플레이 타입을 사용한다. 디지털 홀로그래픽 디스플레이 시스템에서 입체 영상을 생성하는 반사형 공간광변조기 (SLM)를 조명하기 위한 조명 시스템은 가간섭성 레이저 빔에 적합한 front-light unit (FLU) 형태를 갖는다. 따라서, 결맞는 면 광원 장치에서 반사형 SLM을 향해 출력되는 빔은 평행 직진광 형태로 2차원 평면 광원을 생성시키는 홀로그래픽 도광판 (light-wave guide) 및 평판형 수렴 렌즈 (flat converging lens)를 포함하는 광학계를 제작해야 한다. 이를 위하여, 본 절에서 가간섭성 면광원 생성용 기구로서, 간섭가능한 평면파 특성을 제공하는, 반사형 홀로그래픽 FLU (front light unit)를 포함한 광학 설계 및 제작과정을 설명하고자 한다.

반사형으로 제작된 홀로그램 기록 필름은 초록 파장 영역에서 반응하는 포토폴리머 (Photorefractive layer) 재료를 사용하며 이 green 파장 (HOE 기록용 빔 특성: λ = 532 nm, 30 mJ/cm^2)에서 도광판 재료로서의 적합한 특성을 지원해야 한다. 제작된 도광판이 반사형 공간광변조기 (SLM)에 가간섭성 (coherent) 면 광원 생성 기능을 지원하도록 설계된다. 여기서 도광판은 투과형 요소 및 반사형 요소로 구성된다. 또한 FLU로부터 출광된 이 green 파장의 평면파가 투과하면서 한 초점에 맺히게 하는 평판형 수렴 렌즈 (예: 초점 거리 50 cm)를 포함한다. 도광판에서 투과형 요소 및 반사형 요소 간 결합- 즉 광효율-을 향상시키기 위해서 투과형 요소의 기판면에 AR 코팅 층 및 HWP를 추가할 수 있다.

반사형 공간광변조기를 조명하기 위해 빔 경로 제어 가능한 홀로그램 필름 기반의 도광판은 다음의 특성을 지원하도록 제작된다. 홀로그래픽 디스플레이용 FLU로 사용될 수 있도록 디스플레이의 활성영역 크기로 기록된 투과형/반사형 홀로그램 필름은 Kogelnik 회절 효율이 90% 이상이 적절하다. 또한, 2차원 면 광원으로 출력되도록 기록된 기능성 홀로그램 필름은 선편광 상태의 빔 출력 특성, 빔 세기 분포의 균질성 (샘플의 유효 활성 영역 (예: 120 mm x 70 mm)에서 회절 효율 범위: 94%~95%), 그리고 평행 직진성 (평행 직진성: 면 광원으로 출력되는 빔의 발산각 0.4° 미만)을 제공해야 한다. 각 컬러 별로 제작된 광학 요소들을 RGB 타입으로 제작할 경우에, 각 컬러 별로 제작된 요소의 유리기판들을 서로 위해 UV adhesive (Norland社 optical adhesive 61)를 보통 사용한다.

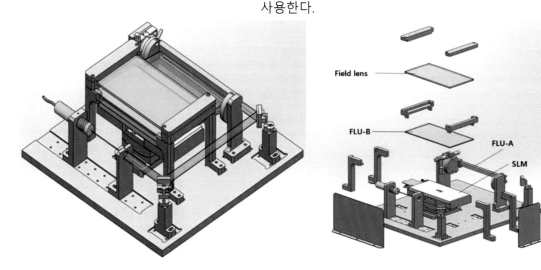

FLU 시스템의 개념도

모듈화된 시스템으로 제작하기 위해서 광학 구성품들 간의 빔 경로 정렬 및 커플링 프로세스가 용이하도록 설계를 해야한다. 조명 광원은 광섬유 결합된 단일 모드 레이저 (532 nm, ~50mW) 모듈을 사용한다. 광섬유 끝단에서 나오는 확산빔을 평행빔으로 만들어 주기 위한 Achromatic lens (초점 길이: 50 mm, 직경: 15 mm)와 이 평행빔의 경로를 원하는 방향으로 바꾸어주는 두 개의 반사경 (20 mm x 20 mm) 등의 부품들이 서로 정렬되어 FLU로 전달된다. 평행빔 (직경: 15mm)으로 준비된 입사광이 도광판을 통과하게 되면, 조명 광학 시스템의 FLU로 사용될 수 있도록 유효 면적 크기에 균일한 세기의 평면 파로 만들어 준다. SLM으로 입사된 후 SLM에서 반사된 빔은 수렴 렌즈 (Field lens)로 입사되며, 이 렌즈를 통과한 빔은 500 mm 지점에서 수렴된다.

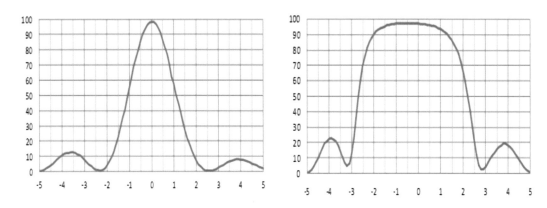

도광판의 구성 요소-투과 요소 샘플 (좌) 및 반사 요소 샘플 (우)-레서 조명 빔의 입사 각에 대한 회절 효율 특성 곡선.

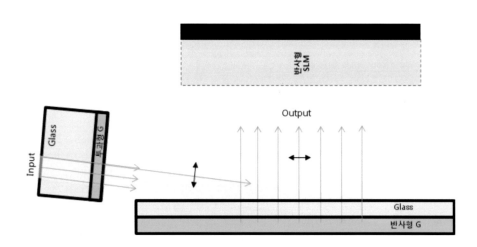

FLU 시스템에서 두개의 격자형 도광판들을 지나는 빔 경로를 보여주는 단면도

광중합체 (photopolymer)

독일 Covestro 사가 공급하는 Bayfol® HX 는 빛에 민감하게 반응 및 처리되는 광중합체 (photopolymer) 필름이다. 반사형 또는 투과형 체적 위상 홀로그램을 제작하는데 사용된다. 이 감광성 필름은 355 nm 에서 670nm 까지의 스펙트럼 범위 내에서 적절한 레이저 광으로 기록 할 수 있다. 이 홀로그램 기록 용 필름은 기판 (carrier film), 감광성 광중합체 층 (photopolymer layer) 및 보호 필름 (cover film) 이루어진다 (아래 그림 참조). 필요에 의해서 기판과 광중합체 층

사이에 전사층 (transfer layer)이 삽입되기도 한다. 아래 기판 (substrate)으로 36 μm 두께의 폴리에틸렌 테레프탈레이트 (PET, polyethylene terephthalate)가 사용되며, 겉층을 보호하는 필름으로 40 μm 두께의 폴리에틸렌 (PE, polyethylene)이 사용된다. 광중합체 층의 두께 (d)는 16 ± 2 μm 정도이고, 이 층의 상부에 있는 보호 필름은 분리되어 제거될 수 있다. 아래 그림은 이 필름 샘플의 단면 구조를 보여주는 개략도 및 필름의 사진을 보여준다. Bayfol® HX 는 필름 자체의 고유 투과율 85~90%, 광 조사량 15 mJ/cm² (파장: 660 nm)에서 굴절률 변조의 포화 현상이 일어나고, 상당히 큰 굴절률 변조 값 (Δn =0.016 ~ 0.032)를 제공한다. 이 제품은 체적 홀로그램 기반 다양한 평판형 광부품 응용에 사용될 수 있다. 예를 들어, 체적 홀로그램은 평판형 렌즈 (flat lens), 빔 반사판 (mirror), 빔분리기 (beam splitter), 빔 결합기 (beam combiner), 빔 편향기 (beam deflector/prism), 빔 확산판 (diffuser), 파면 형상 제어기 (wavefront shaping), 그리고 태양광 추적 렌즈 (solar tracking lens) 등과 같은 주요 광학적 부품 기능을 얇은 필름 형태에서도 제공할 수 있다. 최근에는 고기능화의 추세에 따라 개별 기능들을 서로 결합하여 복합적인 기능을 부가하는 부피형-HOE (volume-holographic optical element, v-HOE)의 설계 및 공정 응용 분야의 연구 개발이 활발히 진행되고 있다. 또한 체적형 홀로그램은 제품 인증 (product authentication) 및 신분증 (ID)을 포함한 보안 응용 (security applications)을 위한 OVD (optical variable device) 제작 용으로 공급되고 있다. 산업적 응용성이 우수한 홀로그램 매질은 홀로그램 밝기에 비례하는 높은 광효율, 빛의 산란 (haze) 및 흡수의 최소화, 수축 또는 변형에 대한 강한 저항력, 우수한 감광성 (light sensitivity), 신속한 홀로그램 생성, 추가적인 후처리 과정 제거, 환경 및 외부 광에 대한 안정성 등을 제공할 수 있어야 한다.

필름 타입의 광중합체. 단면 구조 (좌) 및 겉표면 보호 필름을 제거하기 전후의 샘플 모습 (우).

광중합체 필름 기반 volume-HOE는 독립형 제품뿐만 아니라 광원, 공간 광 변조기 등을 비롯한 다른 구성 요소와 함께 산업적으로 응용될 수 있다. 이 필름을 기반으로 한 미디어 응용 산업은 스마트 증강현실 및 HUD 디스플레이 분야를 중심으로 현재 개발 단계에 있으며, 자율 자동차와 스마트 가전기기 제품이 융합된 기술 혁신은 미래의 디지털 미디어 세계와 콘텐츠와 사람 간의 상호 작용하는 방식을 크게 변화시킬 것이다.

유전체 경계면에서 반사 특성

가시광선이 보통의 유리기판 (예: 두께 1 mm)을 정면으로 통과할 경우에, 각 경계면에서 약 4% (예: BK7 유리기판)의 빛이 반사되기 때문에 실제로 입사되는 광의 약 92%만 유리 안으로 통과하게 된다. 유전체로 주입되는 입사 광 (파장 532 nm)의 각도와 반사율 관계를 살펴보자. 입사광은 유전체 안으로 주입될 때, 유전체의 굴절률 (n_A)과 공기의 굴절율 (n_0 =1)을 고려하면, 광의 입사각 (Φ) 과 투과각 (θ)의 관계는 $\sin \Phi = n_A \sin \theta$ 으로 주어진다. 그리고 조명 입사광의 편광 상태에 따라 반사율의 차이가 발생한다. 공기에서 유전체로 입사할 경우에 조명 입사광의 P 편광 상태와 S 편광 상태는 입사각 (Φ)이 10° 이내에서 거의 차이가 없다. 그러나, 10° 이상에서부터 P편광 상태가 반사율이 항상 더 작음을 알 수 있다. 투과율은 [투과율 = 1 - 반사율]의 관계를 갖는다. 따라서, 도광판 내부로 광 주입 효율을 높이기 위해서 입사광의 입사각이 커지게 되면, 가능한 한 P 편광 상태를 갖는 조명 광을 사용하는 것이 바람직하며, 특히 입사각이 70°~90° 근처일 경우에 표면 반사율을 낮추기 위해 반사 억제 방안을 별도로 고려해야 한다.

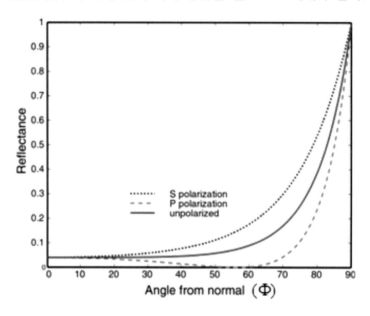

공기에서 유전체로 입사될 때, 경계면에서 광의 입사각과 반사율의 관계

앞에서 다룬 투과형 조명 광학계를 다시 살펴보자. 작은 직경의 레이저 빔을 큰 경사각으로 제1의 유리기판에 투사(예: 입사각 85°)시키면, 레이저 빔은 한쪽 방향이 길어진 타원형 빔을 만든다. 그 다음으로, 긴 타원형의 레이저 빔을 장축의 수직방향을 향해 85°로 제2의 유리기판에 투사시키면, 이 타원의 제2 방향인 단축을 확대시킬 수 있다. 이와 같은 2단계를 거침에 따라 직경이 작은 레이저 빔으로부터 충분한 크기의 원형빔으로 확장될 수 있다. 그러나 일반 유리기판에 이 경사각으로 레이저빔을 조명하면, 약 광선의 73%가 반사되는 문제가 발생한다. 결국, 두 번의 확장 과정을 거치는 경우, 입사빔 세기의 90% 이상이 손실된다.

광학 시스템 광효율을 증가시키고, 광학 시스템 내에서 역방향 반사광 (ghost images)으로 인한 장애 현상을 줄이기 위해서 반사가 일어나는 각 경계면에서 무반사 코팅 (AR, anti-reflection) 방법을 적용할 수 있다. 특히, 광학 시스템에 빛이 통과하게 되는 광학 부품들의 수가 많아지게 될 경우, AR 코팅 기술을 적용하는 것이 더욱 중요하게 된다. 코팅층에 의한 투과율 특성은 사용하는 빛의 파장, 기판의 굴절률, 코팅층의 굴절률, 코팅 두께, 그리고 빛의 입사각에 따라 달라진다. AR 코팅의 원리를 살펴보자. 코팅 박막의 위쪽 경계면 및 아래쪽 경계면에서 반사되는 빔 사이의 상대적인 위상 차 (phase shift)는 180°가 되도록 설계된다. 반사된 두 빔들 사이의 상쇄 간섭 (destructive interference)이 발생되면, 표면을 빠져 나오기 전에 양쪽 빔이 사라지게 된다. 따라서, 반사된 빔 사이에 반파장에 해당하는 경로차를 확보하여 빔이 상쇄되도록 코팅 막의 두께는 선택된 파장 (λ)에 대하여 $m(\lambda/4)$의 관계를 만족해야 한다. 여기서 m은 홀수이다. 그리고, 2개 빔의 완전한 상쇄에 필요한 박막의 굴절률 관계식은 $n_f^2 = n_0 n_s$으로 주어진다. 여기서, n_f는 박막의 굴절률, n_0는 입사광이 처음 거치는 매질의 굴절률, 그리고 n_s는 기판의 굴절률이다.

아래 그림과 같은 유리 면에 빔을 입사시킬 때, 입사각이 점점 커질수록 반사율이 급격하게 커지는 현상이 나타난다. 디스플레이 단말 시스템의 두께를 얇게 하기 위해서 조명광을 큰 입사각으로 매질을 통과시켜야 할 필요가 있을 때, 매질 속으로 주입되는 광량을 가능한 한 최대로 높여야 하는 상황이 발생한다. AR코팅에서 사용되는 물질은 SiO_2, Nb_2O_3, MgF_2 등을 사용한다. 예를 들어, $\lambda/4$ 두께로 MgF_2 박막 층을 적용할 경우에, 파장 550 nm (MgF_2의 굴절률: 1.38)에서 정면 입사에서 반사율을 1.3%로 만들 수 있다. 이 조건 하에서 가시광선 전 대역에 대하여 반사율은 평균 1.8% 미만의 성능을 제공할 수 있다. 아래 그림의 곡선은 P방향으로 선편광된 레이저 빔 (파장: 532 nm, 입사각 θ = 84°)이 유리기판 (두께: 2mm) 위에 AR 코팅 방법에 의해서 반사율을 10% 미만, 즉 투과율 90% 이상이 될 수 있도록 유전체 물질 층들 간 (SiO_2 및 Nb_2O_3)의 적층 조건을 찾는 시뮬레이션을 진행한 결과로 보여준다.

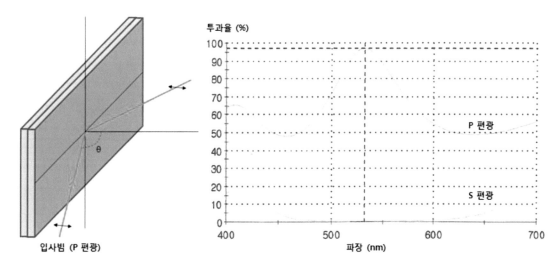

단색 파장에서 P-편광에 대한 반사 방지막 시뮬레이션 (입사각: 84도)

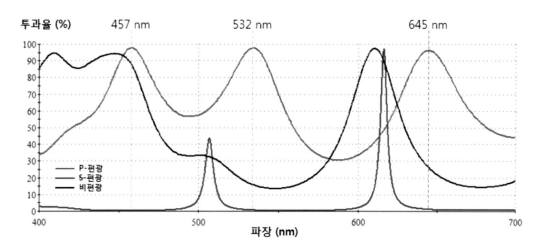

삼원색 파장에서 P-편광에 대한 반사 방지막 시뮬레이션 (입사각: 84도)

35

광파 경로 제어용 시스템은 공기 매질 및 서로 다른 유전체 층을 통과할 때마다 발생되는 굴절률의 변화로 인한 표면 반사 현상을 최소화하기 위하여 부품들을 서로 맞대도록 배치할 수 있다. 예를 들어, 2개의 도광판으로 구성된 조명용 광학 시스템을 고려해보자. 여기서 광파면 경로 제어 장치는 제일 방향으로의 빔 확대부에서 제이방향으로의 빔 확대부로 빔이 주입될 때, 공기층/도광판 매질층에 의한 표면 반사 현상을 최소화하기 위해서 투과되는 광선의 투과각과 일치하도록 서로 맞대어 두 구성 요소들을 배치 및 결합시킬 수 있다. 즉, 광파면 경로 제어 장치는 제1 도광판 및 제2 도광판에 대하여 동일한 굴절률을 갖는 유전체를 사용하기 때문에 유전 물질층 간의 굴절률 값의 일관성을 제공할 수 있다. 그러면, 광파면 경로 제어 장치는 유전 물질층 간의 굴절률 값의 일관성에 따라 종래의 공기 틈의 존재로 인해 경계면 사이를 통과하는 과정에서 발생되는 빛샘 (light leakage)과 같은 광 손실 문제를 근원적으로 해결할 수 있다. 더욱이 광 부품들 사이에 위치 변동 또는 방향 비틀림 등의 발생에 따른 정밀 배열 (alignment) 작업을 해야하는 별도의 수고도 줄일 수 있다.

직경이 10 mm 정도로 작은 레이저 빔을 큰 경사각으로 제1의 유리기판에 투사 (예: 입사각 85°)시키면, 레이저 빔은 한쪽 방향이 길어진 타원형 빔을 만든다. 그 다음으로, 긴 타원형의 레이저 빔을 장축의 수직방향을 향해 85°로 제2의 유리기판에 투사시키면, 이 타원의 제2 방향인 단축을 확대시킬 수 있다. 이와 같은 2단계를 거침에 따라 직경이 작은 레이저 빔으로부터 충분한 크기 (예: 대각방향 길이 10인치)의 원형빔으로 확장될 수 있다. 그러나 일반 유리기판에 이 경사각으로 레이저빔을 조명하면, 약 광선의 73%가 반사되는 문제가 발생한다. 결국, 두 번의 확장 과정을 거치는 경우, 입사빔 세기의 90% 이상이 손실된다.

복잡한 광학 기능조차도 다층을 갖는 유전체 시스템을 통해 이루어질 수 있다. 투과광 중에서 특정 파장 대역 (예: 삼원색 레이저 파장들)에서만 현저하게 투과율을 증가시키는 반사 방지 코팅을 위해서 마그네트론 증착장비를 통해 얇은 유전체층들이 다층-24층-시스템으로 유리기판 위에 증착된다. 이 층들은 다양한 광학 밀도를 갖는 두 개의 다른 물질로 구성된다. 화질 손상 또는 색상 왜곡이 없도록 하는 이러한 기능성 유리창 관련된 특수 다층 코딩 기술은 넓은 영역 (약 300 × 400 mm², 대각선 방향으로 28인치 화면)에서 층 두께의 정밀도, 재현성 및 균질성 등과 관련된 극한적인 요구 사항들이 충족되어야 한다.

10. 공간광변조기에 홀로그램 표현

홀로그래피 합성 기술에서 완전히 복소수로 표현하는 것이 가장 이상적인 경우이다. 이 표현 기술들은 아래와 같이 크게 두 부류로 나눌 수 있다. 첫째, 직접적 표현 기법이 있다. 이것은 홀로그램 함수 (H)가 입력 신호 함수 (f_I)와 동일하기 때문에 입사되는 파동 장 (U_0)은 이 홀로그램에 의해서 직접적으로 변조되고, 원하는 복원 파동 장 (U_R)이 SLM으로부터 발생하게 된다. 이러한 타입의 대표적인 예는 kinoform이다. 다른 예는 위상전용 SLM 단말 및 진폭 전용 SLM 단말을 샌드위치처럼 인접하게 배치도록 구성된 홀로그래픽 디스플레이 시스템에 홀로그램 함수를 표현하는 방법이 있다. 둘째, 인코딩에 의한 표현 기법이 있다. 신호 함수인 복소 진폭은 홀로그램 함수와 동일하지 않고 (즉, $H \neq f_I$), 인코딩 규칙을 따르는 추가 함수를 거치게 된다. 원하는 신호 함수는 노이즈 항들로부터 신호 항을 Fourier 평면에서 공간적으로 필터링함으로써 물리적으로 복원된다. 인코딩 표현 방법들의 공통적인 특징은 홀로그램을 불연속적인 셀들로 나누는 것과 홀로그램 함수 (H)를 형성하기 위해서 신호 함수 (f_1)를 순수 위상 값들 또는 순수 진폭 값들에 의한 성분으로 분해시키는 것이다. 이러한 형태의 예를 들면, double-phase 홀로그램과 Detour-phase 홀로그램이 있다. 그 결과로 공간적인 해상도의 손실이 발생하게 된다.

디지털 홀로그래피에서 인코딩 (encoding)은 복소수를 공간광변조기에 적합한 표현 값으로 변환시키는 단계이다. LCD-SLM에서 지주 사용되는 예로서, Burckhardt가 제안한 방법에 의하면, 하나의 복소수는 3개의 음이 아닌 실수 성분으로 분해될 수 있다. 이차원 복소평면의 임의의 복소수는 3개의 단위 벡터, 즉 $e^{i0}, e^{i2\pi/3}$, 그리고 $e^{i4\pi/3}$를 이용하여 쓸 수 있다. 하나의 단위 홀로그램 픽셀 (macro-pixel)은 3개의 인접한 진폭-변조형 부화소 (sub-pixels)들로 이루어진다. 이 부-화소들이 측면 방향으로 나란하게 배치된 것은 0°, 120°, 그리고 240° 만큼의 위상 변이 (phase displacement)를 제공하는 효과로 나타난다. 임의의 복소수를 $H = |H|e^{i\Phi} = x + yi$ 로 나타내면, Burckhardt 인코딩에 의한 표현식은 다음과 같이 분해될 수 있다.

$$x + yi = A_1 e^{i0} + A_2 e^{i2\pi/3} + A_3 e^{i4\pi/3}$$

여기서 3개의 계수 A_i 는 각각 음이 아닌 실수 값이다. 샘플링된 각 복소수 값에 대하여 3개의 픽셀들이 할당되고, 이들 중에서 적어도 1개의 픽셀은 영의 성분을 갖는 것이 특징이다. $e^{i0} = 1$, $e^{i2\pi/3} = \frac{1}{2}(-1 + i\sqrt{3})$, 그리고 $e^{i4\pi/3} = -\frac{1}{2}(1 + i\sqrt{3})$ 관계를 적용하면, 이 식은

$$x + yi = (A_1 - A_2/2 - A_3/2) + i\sqrt{3}(A_2 - A_3)/2$$

이 된다. 따라서, 주어진 복소수의 위상이 $0 \leq \Phi < 2\pi/3$ 범위에 있는 경우 ($A_3 = 0$), $A_1 = x + y/\sqrt{3}$, $A_2 = 2y/\sqrt{3}$ 이다. 주어진 복소수의 위상이 $2\pi/3 \leq \Phi < 4\pi/3$ 범위에 있는 경우 ($A_1 = 0$), $A_2 = -x + y/\sqrt{3}$, $A_3 = -x - y/\sqrt{3}$ 이다. 그리고, 주어진 복소수의 위상이 $4\pi/3 \leq \Phi < 2\pi$ 범위에 있는 경우 ($A_2 = 0$), $A_1 = x - y/\sqrt{3}$, $A_3 = -2y/\sqrt{3}$ 이다. Burckhardt 인코딩은 진폭-변조형 SLM에서 구현될 수 있는 일종의 detour-phase 홀로그램이다. 다른 종류의 인코딩 방식들 관한 내용은 다음 장에서 보다 상세히 다룬다. 요컨데, 인코딩 단계는 복원하고자 하는 파동 장의 복소 진폭 (U)을 SLM의 각 픽셀에 데이터를 지정해 줌으로써 디스플레이될 수 있는 포멧 형태로 변환하는 프로세스이다.

II. 홀로그래픽 콘텐츠의 획득 및 홀로그램 생성

궁극적인 3D 디스플레이로 인식되고 있는 홀로그래픽 3D 디스플레이와 컴퓨터 기반 홀로그래픽 영상 콘텐츠 생성 기술 (Computer generated hologram: CGH)이 급격한 발전이 이루어지고 있다. 대용량의 홀로그래픽 3D 콘텐츠의 생성 기술은 현재 기술개발 초기 단계이며, 상업화 보다는 핵심 기술 확보 및 원천 IP 획득을 위한 연구 개발이 주를 이루고 있다. 이러한 과정에서 부상한 핵심 기술로서 널리 인식된 것이 홀로그래픽 3D 콘텐츠용 CGH의 빠른 생성 및 처리를 위한 연산 기술이다. 특히, 고해상도 (예: UHD급 이상) 동영상 홀로그래픽 3D 콘텐츠를 실시간으로 처리하기 위해 고도의 알고리즘을 장착한 CGH 생성 엔진의 개발이 필요한 실정이다. 아래에서 계산 범위에 대한 분할 기법을 적용한 RGB-Depth map 기반 CGH 합성 알고리즘을 소개하고, 4대의 서버에 16개의 GPU(GTX 1080 ti 모델)로 동작하는 디지털 홀로그래픽 콘텐츠 생성의 고속화 방법에 대하여 설명한다.

1. 홀로그램 콘텐츠 획득

이번 절은 실물 (또는 실사)로부터 홀로그래피용 3D 콘텐츠를 획득하는 방법과 컴퓨터 그래픽을 이용한 홀로그래피용 3D 콘텐츠 획득 방법을 소개한다.

가. 실사 기반 3D 콘텐츠 획득

3D 장면을 획득할 수 있는 방법은 실사 또는 실물를 깊이 인식 센서 장비에 의한 촬영로부터 얻을 수 있다. 대표적인 상용 깊이 센서를 소개하면 다음과 같다. 첫째, 인텔사의 RealSense 시리즈 제품으로서 현재까지 3종이 출시되었다. R200은 구형 모델이지만 현재 판매 중이며, 기존에 사용자 얼굴인식 버전으로 사용된 F200 센서 모델은 기술적으로 개선된 SR300으로 2016년에 대체되었다. 사용자 얼굴인식 버전으로 개발된 SR300은 사람 얼굴 크기 정도의 물체들을 스캐닝할 수 있을 정도의 범위를 제공한다. SR300은 SDK 3D Scan app을 무료로 사용할 수 있기 때문에 360° 전 방향의 3D 스캐닝 응용을 위한 다양한 디바이스들에 통합될 수 있다는 장점이 있다. SR300의 깊이 획득 거리는 0.2~1.5m 범위이기 때문에 소형 물체를 가까이에서 스캐닝하고자 하는 경우에 흔히 사용하게 된다. 여기서 물체를 스캔하는 방법으로 크게 두 가지로 분류된다. 첫째, 고정된 물체를 고정하고 주변으로 센서를 직접 이동해 가면서 스캐닝하는 방법이다. 이 경우에 흔히 발생되는 흔들림 현상을 최소화하려면, 센서 지지대 및 흔들림 억제용 특수 장비를 사용하는 것이 필요하다. 다른 방법으로 물체를 회전 테이블 위에 놓고 스캐닝 센서 앞에서 이 테이블을 돌리는 방법이 있다. 이때 동작 장면의 흐려지는 현상 (Motion blur)을 줄이거나 3D 콘텐츠 획득 과정에서 기하학적인 노이즈를 최소화하려면, 별도의 조명 키트를 사용하고, 가능한 한 회전 테이블을 천천히 움직이게 해야 한다. 둘째, 2012년 Microsoft사는 발송된 적외선의 패턴 변형 정보로부터 깊이를 얻는 Light coding 방식을 채용하여 깊이 (depth 해상도: 320×240) 정보 및 인물의 자세 정보를 용이하게 얻을 수 있는 Kinect v1를 발매하였다. 그리고 2014년에 Microsoft는 발진된 적외선이 되돌아오는 시간으로부터 깊이 (depth 해상도: 512×424) 정보를 얻는 비행 시간 (TOP, time of flight) 방식을 적용하여 깊이 정확도가 개선된 Kinect v2 모델(Kinect for Wondow 또는

Kinect for Xbox One)을 발표하였다. Kinect v2의 S/W 개발 키트로서 Kinect for Windows SDK v2.0이 무료로 제공되고 있다. 이 개발 키트 프로그램을 설치한 후, PC에서 회전 테이블과 연동하여 연결된 Kinect를 제어할 수 있는 OpenCV 프로그램을 활용하면, 360° 3D 콘텐츠를 용이하게 획득할 수 있다. Kinect v2의 깊이 획득 거리는 0.5~4.5m 정도로 SR300보다 더욱 먼 영역에서도 사용할 수 있기 때문에 서 있는 사람 (또는 상반신)과 같은 크기 정도의 대상을 스캐닝하고자 할 때 특히 유용하다. Kinect 장비를 통한 콘텐츠 획득 과정에서 기하학적인 노이즈를 최소화하려면, 배경 조명 및 반사광을 가능한 차단하는 것이 필요하다. <표 1>은 앞에서 설명한 최신 두 종류의 깊이 센서에 대한 특징들을 요약한 것이다.

모델명 (제조사)		Realsense SR300 (2016, Intel)	Kinect v2 (2014, Microsoft)
Color 카메라	해상도	1,920×1,080 (FHD, 16:9)	1,920×1,080 (FHD, 16:9)
	비디오 스트림	30 FPS (※Note: 60 FPS under 1,280×720)	30 FPS (※Note: 15 FPS under dark condition)
Depth 카메라	해상도	640×480 (VGA, 4:3)	512×424
	비디오 스트림	60 FPS	30 FPS
깊이 획득 (depth capture) 범위		0.2~1.5m	0.5~4.5m (인물 검출 범위)
특징		구조광 (structure light sensing) 방식	TOP (time of flight) 방식
		USB3 only, 6th generation intel® core™ i3, windows10(64bit) 이상	USB3 only, visual studio 2012 이상 intel core i7 3.1GHz, wind 8(64bit) 이상
형상			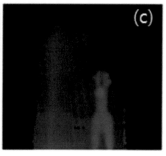

실물 기반 홀로그래픽 콘텐츠 획득용 깊이 센서 비교

예를 들어, 아래 그림 (a)는 회전 테이블 위에 놓인 정물과 키넥트 v2 장비로 획득된 홀로그래픽 3D 콘텐츠를 보여주고 있다. 회전 속도 제어 및 키넥트-회전 테이블 간 동기화를 위한 OpenCV 프로그램에 의해 물체가 360° 회전하는 동안 총 1,024개의 시점들 (views)에 대응하는 3D 데이터를 얻도록 설정되었다. 아래 그림 (b) 및 그림 (c)는 이 중에서 특정한 시점에서 키넥트 센서로부터 얻어진 RGB 컬러 및 깊이-맵 이미지를 보여주고 있다. 각 시점당 한 세트의 RGB 컬러 이미지 및 깊이-맵 이미지가 저장된다. 여기서 회전 테이블 중심에서 키넥트 센서까지 거리는 약 75 cm 범위로 설정하였으며, 회전 속도는 360°/4 min 이하 조건에서 획득되도록 설정될 수 있다.

회전 테이블과 연동된 키넥트 모듈을 사용한 콘텐츠 획득 방식. 특정한 시점에서 키넥트 깊이 센서로부터 얻어진 RGB 컬러 이미지 (b) 및 Depth map 이미지 (c).

나. 컴퓨터 그래픽 (CG, computer graphic) 기반 3D 콘텐츠 획득

360° 전 방향의 CG 기반 홀로그래픽 콘텐츠 제작을 위해 3D 모델링 프로그램으로 사용되는 대표적인 소프트웨어는 3D Max, Rhino, 그리고 Maya 등이 있다. 1995년에 처음 공개된 3D Max는 최근 3Ds Max 2018 버전으로 출시되어 있다. Polygon 모델링 방식을 사용하는 이 소프트웨어는 2D 형태의 삼각형을 기반으로 한 다각형 표현법에 의해서 3D 모델링을 하는 방식이다. 데이터 용량이 비교적 적어서 애니메이션 및 3D 게임 등에서 주로 사용이 되고 있지만, 물체의 표면이

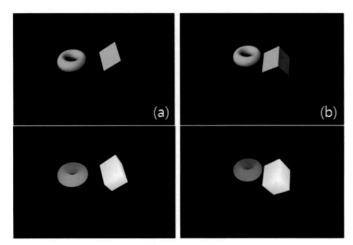

Maya SW 툴을 활용하여 서로 다른 시점에서 RGB-Depth map 정보를 획득한 결과: 좌안용 RGB-Depth map 데이터 (a)와 우안용 RGB-Depth map 데이터 (b)

다각형을 통해 표현되기 때문에 곡선과 같은 부드러운 표면을 정밀하게 나타내지 못하는 한계점을 갖는다. 그러나 다양한 확장 Plug-in을 지원하기 때문에 3D Max 자체에서 부족한 3D 표현을 위한 렌더링 관련 기능을 보완할 수 있다. 예를 들어, 360° 촬영이 가능하도록 그룹으로 지정된 3D 오브젝트를 애니메이션을 통해 만들어 주고, V-ray Plug-in을 이용해 RGB 컬러 및 Depth map 을 추출할 수 있다.

수학적 계산에 의한 정확한 3D 모델링으로 특화된 Rhino는 2010년에 공개된 이후 Rhinoceros 5 버전까지 발표되었다. NURBS (Non-Uniform Rational B-Spline) 방식을 사용하는 이 소프트웨어는 기하학적 3D 물체를 수학적으로 재현하는 방식이다. Polygon 방식은 점을 이용하여 모델링을 하는 반면에, NURBS 방식은 선을 이용하여 3D 모델링을 한다. 이 선은 고유의 좌표 값 및 방향성을 갖고 있기 때문에 정밀한 수학적 계산을 통하여 정확한 모델링이 가능하다. 일반적인 모델뿐만 아니라 산업디자인 분야에서 고정밀도의 제품 설계가 요구되는 모델링에서 많이 사용된다. 특히 명령어 방식이 CAD와 매우 흡사하여 다른 CAD와 호환성이 우수하다. 예를 들어, 360° 촬영이 가능하도록 Render Tool을 이용하여 Turntable을 생성할 수 있으며, V-ray Plug-in을 이용해 RGB 컬러 및 Depth map을 추출할 수 있다.

Maya SW는 1998년 공개된 이래로 현재 2018년 버전이 사용되고 있다. 무거운 데이터를 처리

하는데 적합한 이 소프트웨어는 NURBS 방식과 Polygon 방식을 모두 사용한다. Maya의 장점은 MEL(Maya embedded language)를 이용해 프로그래밍이 가능하기 때문에 3D 모델링에서 반복 작업이 많이 요구되는 경우에 스크립트를 통하여 효율적으로 사용할 수 있다. Maya는 영상 제작 및 영화 등 고급 CG 분야에서 많이 사용되고 있다. 3D Max 및 Rhino와 달리, 별도의 Plug-in이 없어도 Maya Map 상에서 360° 촬영이 가능하다. 예를 들어, 애니메이션을 통한 Turntable을 생성한 후, 가상의 카메라를 그룹으로 묶어서 RGB 컬러 및 Depth map 추출을 쉽게 할 수 있다. 360° 방향에 대한 3D 정보 추출 방법은 기본적으로 고정된 한 시점에서 사물을 특정 방향으로 360°로 회전시키는 동작 모드를 적용하고, 시점마다 컬러 정보와 깊이 정보를 순차적으로 획득하는 것이다. 이와 반대로, 사물을 고정시킨 상태에서 사물을 중심으로 원형 궤도를 따라 회전하면서 시점마다 컬러 정보와 깊이 정보를 획득할 수도 있다. 각 사용자를 위해서 좌안과 우안에 하나씩 할당되도록 두개의 시점 (view)을 생성한다. 여기서, RGB 컬러 정보 외에 각 시점당 정확한 깊이 정보-깊이 맵-가 추가로 요구된다. 이때 주의할 사항은 두개의 시점은 관측자가 바라 볼 장면에 대한 적절한 투시도 (perspective) 관계를 각 눈에 제공함으로써 수렴 상관성 (convergence-correlation) 조건을 만족하도록 해야 한다. 이 깊이 정보는 주어진 장면에 대해서 정확한 깊이에서 물체점들의 분포를 생성하는 데에 이용된다. 주어진 3차원 장면의 이 물체점은 사용자의 각 눈에 정확한 초점 정보를 제공한다. 그래서, 복원된 영상을 관찰하는 각 눈은 정확한 위치에 재생된 물체점을 초점 조절 (focus-accommodation)에 의해 관측이 가능해 진다. 결국, 각 관람자는 좌안 및 우안 용으로 독립적으로 복원된 두개의 영상들을 각 눈에 의한 관찰함으로써 자연스런 3D 장면을 볼 수 있게 된다.

다. 홀로그램의 합성

홀로그램의 합성은 3D 장면을 복원하는 홀로그램 평면에서 불연속적인 복소 파동장 $H(x, y)$를 컴퓨터에 의한 홀로그램을 계산하는 것 (CGH: computer-generated hologram)을 의미한다. CGH는 실물 또는 컴퓨터 그래픽 등에 의해서 획득된 3D 정보를 활용하여 홀로그램 평면에서 불연속적인 복소 파동 장 $H(x, y)$를 컴퓨터로 계산하는 단계를 포함한다. 여기서 주어진 3D 장면 또는 3D 물체는 충분한 개수의 불연속적인 점들 (point cloud)로 표현된다. 즉, CGH 관점에서 한 물체는 n개의 물체점으로 이루어진 집합이며, 각 점에서 공간 위치, 진폭, 그리고 파장을 포함하는 한 세트의 데이터로만 존재한다. 홀로그램 합성용 계산 방법들은 앞선 장에서 살펴본 바와 같이 광선 추적 (Ray tracing)을 사용한 해석적 모델과 한 물체를 다수의 평행한 면들로 구성된 대상으로 가정하는 Fourier-기반 모델로 크게 구분될 수 있다.

한편, 최근에는 주어진 3차원 물체를 앞에서 언급한 점 구름 (point cloud)으로 바라보는 관점 대신에, 이 물체의 표면을 다각형 그물 형태 (polygon-based mesh)로 바라보는 관점에서 CGH를 계산하는 접근법도 제안되고 있다. 다각형 그물 모델을 사용할 경우에, 아래 그림 (하)과 같이 작은 삼각형 면을 재생하기 위한 CGH 단위 패턴이 6각형 별과 같은 형태로 나타나게 된다. 또한 아래 그림 (상)은 점 구름 모델을 사용할 경우에 하난의 점을 재생하기 위한 CGH 단위 패턴이 프레넬 윤대판 (FZP) 형태인 것을 보여주고 있다.

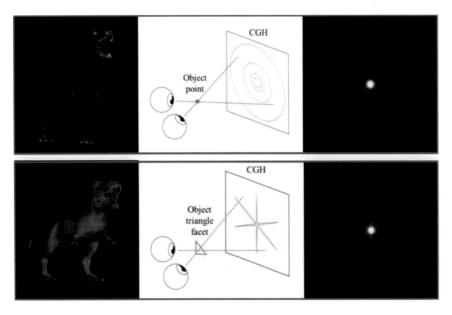

CGH 합성 시, 3차원 물체를 점의 집합으로 보는 관점 (상)과 다각형 그물로 보는 관점 (하)

추가적으로, 위상 전용 홀로그램을 생성할 수 있는 대표적인 기법인 반복 위상-한정 연산 알고리즘을 아래에 소개한다. 이 알고리즘은 위상-전용 홀로그래픽 단말에서 적용이 유리한 홀로그램 생성 방법이며, 반복적 푸리에 변환 알고리즘 (IFTA, Iterative Fourier transform algorithm)을 사용한다. Gerchberg-Saxton (G-S) 알고리즘으로도 알려진 이 방법은 밝기 분포를 만들 뿐만 아니라 홀로그램의 푸리에 면에서 원하는 복소수 분포를 만드는 데에 적용될 수 있다. 예를 들어, 푸리에 영역에서 목표 복소수 분포를 알고 있는 조건 하에서, 위상-한정 (Phase-only) 광변조기로 표현될 홀로그램 영역에서 순수 위상 분포 $e^{i\Phi(x,y)}$를 찾는 문제를 푸는 과정에서 이 방법이 사용된다. 푸리에 변환과 역-푸리에 변환은 홀로그램으로부터의 회절 패턴 (또는 복원)과 홀로그램의 생성에 각각 대응한다. 아래 그림은 이러한 반복 알고리즘에 의해서 홀로그램 면과 푸리에 면에서 두 개의 구속 조건들을 만족하는 한 쌍의 푸리에 변환을 찾는 순서도를 보여주고 있다.

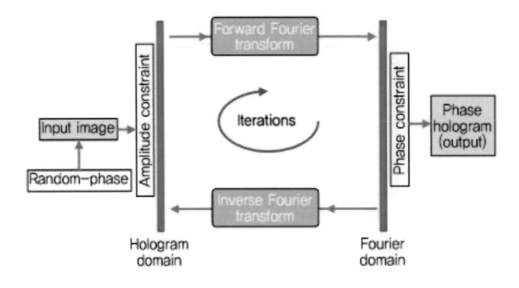

G-S 알고리즘의 흐름 개념도

42

여기서 반복 알고리즘의 작동은 다음과 같이 요약된다. 우선 초기 추정치의 홀로그램을 푸리에 변환하여 푸리에 면에서 필드 값을 산출한다. 명목상 복소 분포(위상 구속 조건)로 결과 복소 분포를 대체한다. 이 수정된 필드 값을 역 푸리에 변환을 적용하여 홀로그램 면에서 새로운 필드값 $H(x, y)$을 얻는다. 크기 1을 갖는 계산된 $H'(x, y)$을 크기 1로 조정 (홀로그램 진폭 구속 조건)해 줌으로써 새로운 홀로그램 추정 값을 준비한다. 이 G-S 알고리즘에서 반복 루프는 푸리에 영역에서 구속 조건을 만족시키면서 개선된 품질의 푸리에 면의 위상 분포를 얻을 때까지 되풀이된다. 일반적으로 홀로그램 생성의 최적화 및 효율을 위해서 무작위 위상 (random phase) 분포가 초기 값으로 사용한다. 소요 시간 대비 정확도가 높은 홀로그램 연산 방법으로 알려진 이 알고리즘은 연산 시간 측면에서 비교해 보면, GPU를 사용하는 것이 CPU를 사용하는 것보다 훨씬 유리하다. 예를 들면, 해상도 1,024×1,024를 갖는 입력 이미지를 사용하고 반복 수 40회를 실시할 경우, GPU (GeForce GTX 460)와 CPU (Intel Core i7 740QM)에서 연산 시간은 3초, 그리고 100초 정도로 각각 소요된다.

2. 컴퓨터 홀로그램 생성 (CGH)의 고속화

궁극적인 3D 디스플레이로 인식되고 있는 홀로그래픽 디스플레이 및 3D 홀로그래픽 영상 콘텐츠 미디어 기술 (Computer generated hologram: CGH)에 대한 연구 개발에 관한 관심이 최근 GPU 성능의 급격한 향상과 더불어 점점 증대하고 있다. 또한 VR/AR단말의 보급에 따른3D 미디어 실감 콘텐츠의 체험이 증가되면서, 홀로그램과 같은 초실감 3D 미디어에 대한 관심과 수요도 함께 나타남으로써, 미국과 일본 등의 글로벌 ICT 기업을 중심으로 한 연구개발이 주도되고 있는 상황이다. 대용량의 홀로그래픽 3D 콘텐츠의 생성 및 처리 기술은 현재 기술 개발 초기 단계이고, 상업화를 위한 선행 기술 개발 단계로서 핵심 원천 IP 획득과 기술 과시를 위한 연구 개발이 수행되고 있다. 그러나, 이러한 진행 과정에서 급부상한 홀로그래픽 3D 콘텐츠용 CGH의 고속 생성 및 고품질 홀로그램 영상처리 분야는 가장 핵심적인 원천기술들의 하나라는 것이 널리 인식되고 있다. 특히, 4K급 이상 고해상도의 동영상 홀로그래픽 3D 콘텐츠를 효율적으로 처리 및 디스플레이하기 위해서 GPU칩 기반 고도화된 알고리즘을 장착한 CGH 생성 엔진의 개발이 핵심 요소이다.

이번 절에서 계산 범위 분할 기법과 RGB 컬러 & 깊이맵 (depth map) 데이터 기반 CGH 합성 알고리즘을 활용하여 4대의 GPU 클러스터에서 동작하는 디지털 홀로그래픽 콘텐츠 생성의 고속화 방법을 살펴본다.

CGH 합성 (synthesis) 엔진 (해상도: 3840 x 2160)를 갖는 RGB-Depth map 기반 CGH 계산의 예)

실시간으로 홀로그램 영상 관람을 실현하기 위해 RGB-Depth map 기반 CGH 계산하는 방법을 활용해 보고자 한다.

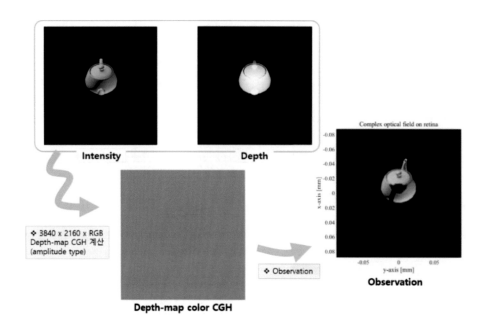

CG에 의해 획득된 RGB 및 Depth map 정보로부터 CGH 계산 및 가시화

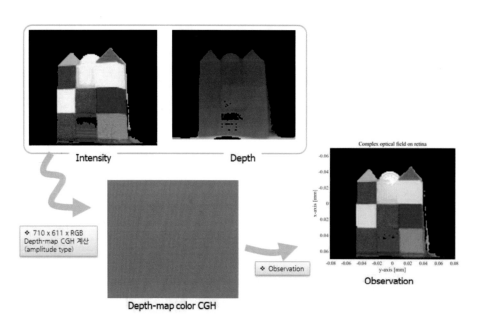

실사에 의해 획득된 RGB 및 Depth map 정보로부터 CGH 계산 및 가시화

주어진 CG 기반 3D 애니메이션의 장면 (scene) 또는 실사 (실물)의 장면에서 추출된 컬러 정보와 깊이 정보를 이용하여, RGB-Depth map 기반 CGH 합성 엔진은 주어진 장면의 깊이 정보에 따른 3D 홀로그램 콘텐츠를 고속으로 제작할 수 있는 대표적인 방식이다. 위의 두 그림들은 각각이 CGH 합석 및 복원 과정을 요약하여 보여주는 예들이다. 실시간으로 홀로그램 생성 및 가시화 (observation)를 실현하기 위해, 예를 들어, 다중 그래픽 프로세싱 유닛 (Multi-GPUs)이 장착된 서버 4대를 infiniteband switch로 연결하고, MPI 라이브러리를 사용하여 서버 간 동기화함으로써 CGH 계산 속도를 향상시킬 수 있다. 여기서 4개의 CUDA v9 cuFFT advanced layout GPU를 이용하여 GPU 별로 R, G, B 색상 및 깊이 레벨을 할당하여 연산을 분산하여 하기 때문에 실시간에 가

까운 속도로 CGH를 연산할 수 있다.

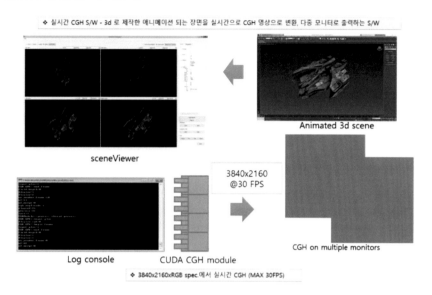

고속 CGH 생성 과정의 흐름도

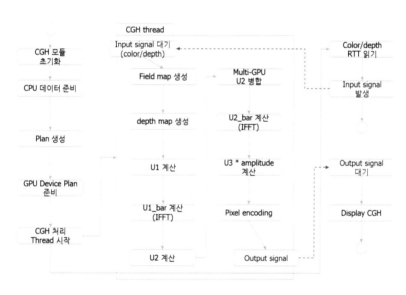

CGH 계산 모듈 내부에서 처리 과정 모식도

RGB& Depth map 데이터 기반 CGH 알고리즘의 예

컴퓨터 그래픽 분야에서 사용되는 Depth map 이미지로부터 CGH를 구현하기 위해 Depth map 표면 광파 분포 제어 모델들이 개발되어 왔다. 예를 들어, 아래 그림과 같이 관측 지점으로부터 오브젝트 표면의 거리에 대한 정보를 나타내는 Depth map 은 홀로그램의 3차원 입체 설계에 적합하다. 3차원 애니메이션을 관측자를 기준으로 일정 간격으로 섹션닝을 하여 Stepwize 모델링을 한다. 그리고 섹셔닝된 물체의 부분들을 소위 ICF (Inverse-cascaded Fresnel) 변환에 의해서 패널 까지의 광 필드 분포를 구하게 된다.

45

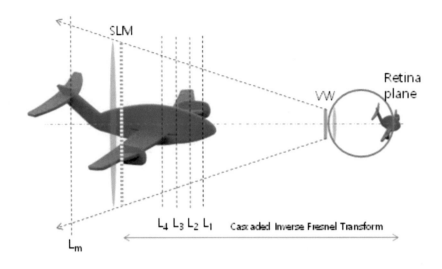

주어진 3차원 물체에서 Stepwise 모델링 개념도

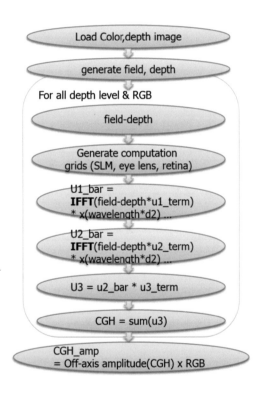

RGB & Depth map 기반 CGH 생성 알고리즘의 순서도

3. CGH 연산 성능의 개선 방법

기존의 RGB & Depth map 기반 CGH 생성 알고리즘을 통한 계산은 Depth별로 계산 범위를 한번에 2차원 FFT (Fast Fourier Transform) 하여 계산한다. 하지만 Localization Depth map 기반 CGH 생성 알고리즘을 통한 계산은 하나의 Depth plane을 m 개의 sub-plane으로 분할 하여 계산을 하게 된다. 이때 계산량의 수식을 정리해 보면, 기존의 방법에 비해 $\log_2 m^2$만큼 계산량이 줄어드는 것을 알 수 있다. (이론적으로 sub-plane이 늘어날수록 계산량이 줄어들 수 있다.)

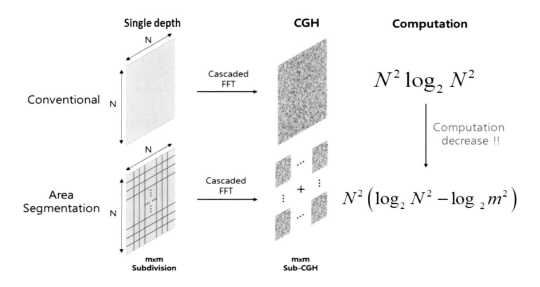

Localization Depth map 기반 CGH에서 계산 소요 시간

RGB & Depth map 기반 CGH 생성 과정에서 각 Depth plane마다 계산해야 할 데이터는 매우 일부분이다. 따라서 Localization Depth map 기반 CGH 생성 알고리즘에서는 Depth plane을 여러 개의 sub-plane으로 나눠서 계산을 하기 때문에 각 sub-plane마다 scanning을 하여 데이터가 존재하는 sub-plane만 계산을 수행하게 된다. 이렇게 계산을 하면, 불필요한 부분을 제외하고 계산을 수행하게 되므로 계산량이 그만큼 감소하게 된다.

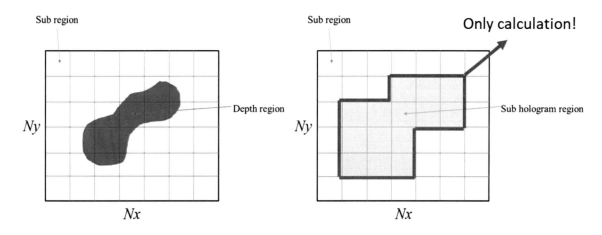

Localization Depth map 기반 CGH의 연산 영역 (computation region)

아래 그림은 기존의 Convention 기법과 Localization 기법을 사용하여 시뮬레이션한 결과를 보여준다. 계산 시간은 146.45 sec --> 41.45 sec으로 줄어 들지만, 회절되어 sub-plane 밖으로 나가는 이미지가 제외되어 합성되면서 sub-plane 경계 면에서 회절 무늬가 생기는 것을 확인 할 수 있다.

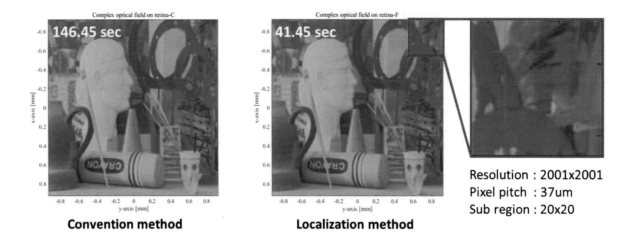

Resolution : 2001x2001
Pixel pitch : 37um
Sub region : 20x20

Convention method　　　　Localization method

Localization method를 사용한 시뮬레이션

따라서 sub-plane에서 회절 이미지가 잘려나가는 것을 보상해 주기 위해 SLM과의 거리에 따른 회절 범위를 계산하여 sub-plane 둘레를 zero-padding으로 둘러싼 후에 계산을 해주게 된다. 그렇게 되면 sub-plane 크기가 커지게 되어 계산 시간이 늘어나지만, 회절 패턴이 잘려 나가지 않고 모두 계산되는 것을 확인 할 수 있다.

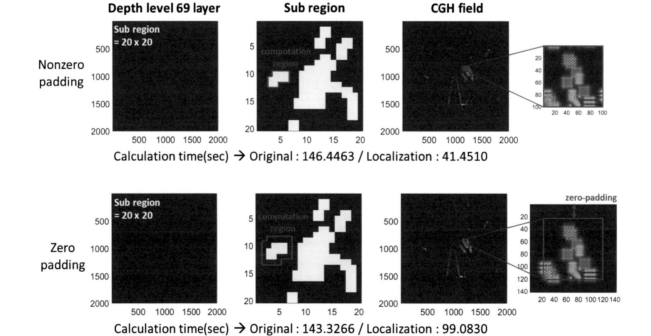

Expansion of zero-padding simulation

한편, zero-padding을 적용할 때, SLM에서 멀어질수록 범위가 매우 넓어지기 때문에 계산 시간이 상당히 늘어나게 된다. 그래서 center of depth에 먼저 object를 한번 투영하여 zero-padding 범위를 줄여서 complex field를 구한 후, SLM plane으로 back propagation하는 방법을 사용한다. 이렇게 하면 절차가 한번 늘어나게 되지만, zero-padding 범위를 상당히 줄일 수 있어서 전체 계산 시간이 감소하게 된다.

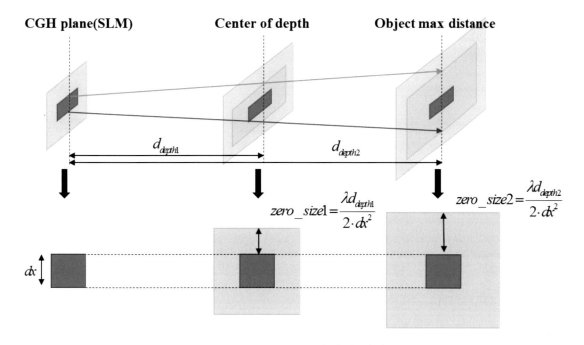

$$zero\_size1 = \frac{\lambda d_{depth1}}{2 \cdot dx^2}$$

$$zero\_size2 = \frac{\lambda d_{depth2}}{2 \cdot dx^2}$$

COD (Center of depth) 방법의 개념도

zero-padding을 적용한 후, simulation 한 결과 계산 시간은 증가했지만, 아래 그림과 같이 sub-plane 경계 면에서 생기는 회절 패턴이 사라진 것을 확인 할 수 있다.

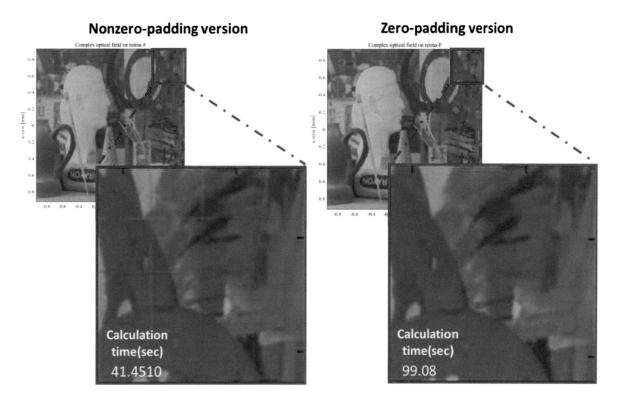

zero-padding 시뮬레이션의 확대 모습

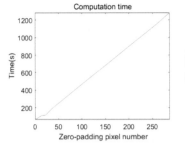
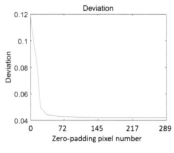

Zero-padding pixel number	Computation time	Deviation
Original	201.0638	0
0	65.4622	0.1194
7	88.3404	0.0988
14	111.2865	0.0812
22	115.5291	0.0499
36	191.1290	0.0430
289	1283.4038	0.0422

zero-padding 크기와 deviation 간 비교

zero-padding을 적용하여 계산을 할 때, zero-padding의 크기가 계산 시간에 상당히 큰 영향을 준다. 따라서 이미지의 품질에 영향이 최소가 되는 최적의 zero-padding size를 찾아내는 것이 필요하다. 위의 그림에서 보여주는 표는 zero-padding 크기 변화에 따른 deviation 및 연산 소요 시간 (computation time)을 시뮬레이션한 결과이다.

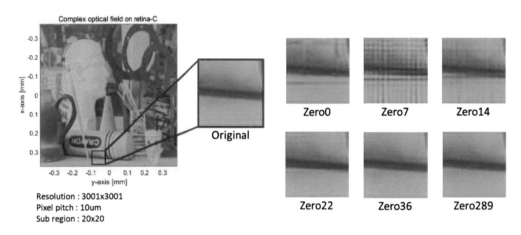

zero-padding 크기와 화질 (image quality) 간 상관성 (correlation)

위의 그림은 zero-padding의 픽셀 개수를 늘려가면서 시뮬레이션 한 결과를 보여준다. 실제로 이미지를 육안으로 비교해 보았을 때, zero-padding pixel의 수가 36개를 넘게 되면서 이미지 간에 차이를 거의 확인하기 힘들다. 앞에서 설명된 이러한 방법론을 활용하여, 영역 분할 기법의 Depth map 기반 CGH 병렬 계산을 위해 8개의 GPU가 각각 장착된, 총 4대의 workstation들의 연동 및 병렬 계산용 CGH 소프트웨어를 통하여 실시간으로 CGH를 고속으로 생성 수 있다.

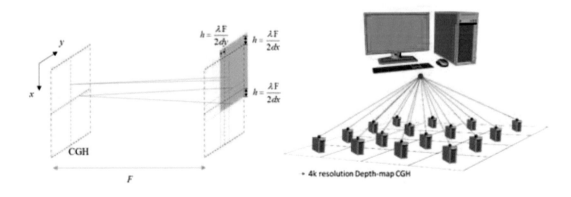

CGH 병렬 계산용 시스템 구조도

고해상도 (4K급의 RGB 이미지) 홀로그래픽 콘텐츠에서 CGH 계산은 일반적인 CPU & GPU를 갖춘 workstation에서 상당한 시간이 걸린다. 이에 비해, 위의 그림과 같이 8개의 GTX-1080Ti GPU가 장착된 4개의 workstation 간 연동을 통하여 병렬 계산을 이용하면, 고해상도 및 최대 60 fps의 CGH 계산이 충분히 가능하다.

4. SLM 상에 복소수 CGH의 표현 (representation)을 위한 처리 기술

Lee 인코딩 (Lee encoding)과 Burckhardt 인코딩 (Burckhardt encoding)

 인코딩 (encoding)은 복소수 데이터를 선택된 공간광변조기에 적합한 표현 값으로 변환시키는 처리를 말한다. 우리가 흔히 접할 수 있는 공간광변조기인 액정 표시 장치 (LCD)는 진폭 변조 (amplitude modulation) 방식이 적용된다. 복소수는 이 디스플레이 장치에서 직접 표기될 수 없기 때문에 적절한 표현 값으로 바꾸어 줘야 한다. 예를 들어, 복소수로 표현된 홀로그램은 2 픽셀 결합 기반 위상 인코딩 (dual-phase encoding) 형식 또는 3 픽셀 결합 기반 진폭 인코딩 (Burckhardt encoding) 형식으로 LCD-SLM상에서 디스플레이 가능한 데이터로 변환된다. 아래에서 LCD-SLM을 위한 진폭 변조에 적합한 실용적인 인코딩 방법들에 대하여 살펴본다.

먼저 1968년에 미국 MIT의 Wai H. Lee는 Washington에서 열린 미국광학회 (OSA) 모임에서 임의의 복소 함수 $U(x,y) = |U|e^{i\Phi} = |U|\{\cos\Phi + i\sin\Phi\}$ 를 음수가 아니면서 실수 값으로 구성된 4개의 성분으로 분해하는 방법으로 다음과 같이 제시하였다. 2차원 복소 평면 상에서 임의의 페이

저 (phasor)는 4개의 단위 벡터들, 즉 $e^{i0}=1$, $e^{i\pi/2}=i$, $e^{i2\pi/2}=-1$, 그리고 $e^{i3\pi/2}=-i$ 에 각각 평행한 4개의 벡터들로 분해될 수 있다. 그래서, 원래의 복소 함수인 $U(x,y)=|U|e^{i\Phi}$ 는 $U(x,y)=L_1e^{i0}+L_2e^{i\pi/2}+L_3e^{i2\pi/2}+L_4e^{i3\pi/2}=(L_1-L_3)+i(L_2-L_4)$ 와 같이 분해될 수 있다. 여기서 $U(x,y)$ 를 구성하는 음수가 아니면서 실수 값인, 4개의 L_i 중에서 2개는 항상 0이다.

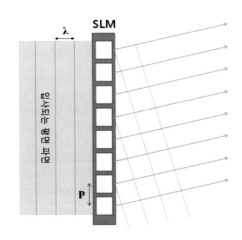

간섭성 조명 파면과 픽셀로 구성된 SLM을 통과한 파면

구체적으로, Lee 인코딩에 대하여 살펴 보면, 다음과 같은 식으로 표시될 수 있다.

우선 $0\le\Phi\le\pi/2$일 때, $U(x,y)=L_1e^{i0}+L_2e^{i\pi/2}+0e^{i2\pi/2}+0e^{i3\pi/2}$

즉, $L_1=|U|\cos\Phi$, $L_2=|U|\sin\Phi$, $L_3=L_4=0$ 이 된다.

그리고, $\pi/2\le\Phi\le2\pi/2$ 일 때, $U(x,y)=0e^{i0}+L_2e^{i\pi/2}+L_3e^{i2\pi/2}+0e^{i3\pi/2}$

즉, $L_2=|U|\sin\Phi$, $L_3=-|U|\cos\Phi$, $L_1=L_4=0$ 이 된다.

또한 $2\pi/2\le\Phi\le3\pi/2$ 일 때, $U(x,y)=0e^{i0}+0e^{i\pi/2}+L_3e^{i2\pi/2}+L_4e^{i3\pi/2}$

즉 $L_3=-|U|\cos\Phi$, $L_4=-|U|\sin\Phi$, $L_1=L_2=0$ 이 된다.

마지막으로 $3\pi/2\le\Phi\le4\pi/2$ 일 때

$$U(x,y)=L_1e^{i0}+0e^{i\pi/2}+0e^{i2\pi/2}+L_4e^{i3\pi/2}$$

즉 $L_4=-|U|\sin\Phi$, $L_1=|U|\cos\Phi$, $L_2=L_3=0$ 이 된다.

한편, 위에서 설명한 이 Lee 방식에 대한 표시 단순화로서, 1970년 Bell 연구소의 Burckhardt가 제안한 방법은 임의의 복소 함수를 양의 실수 값을 갖는 3개의 성분으로 분해될 수 있다는 점을 이용한다. 예를 들어, 2차원 복소 평면 상에서 임의의 페이저 (phasor)는 3개의 단위 벡터들, 즉 $e^{i0}=1$, $e^{i2\pi/3}=-0.5+i\sqrt{3}/2$, 그리고 $e^{i4\pi/3}=-0.5-i\sqrt{3}/2$ 에 평행한 3개의 벡터들로 분해될 수 있다. 그래서, 원래의 복소 함수는 $U(x,y)=|U|e^{i\Phi}$ 는 $U(x,y)=B_1e^{i0}+B_2e^{i2\pi/3}+B_3e^{i4\pi/3}$ 로 분해될 수 있다. 여기서 3개의 B_i 중에서 하나는 항상 0이다.

$0 \leq \Phi \leq 2\pi/3$ 일 때

$$U = |U| \left\{ \cos\Phi + \sin\Phi / \sqrt{3} \right\} e^{i0} + |U| \left\{ 2\sin\Phi / \sqrt{3} \right\} e^{i2\pi/3} + 0 e^{i4\pi/3} \text{ 이다.}$$

그리고, 앞의 경우와 유사하게 기하학적 대칭성을 고려하면, $2\pi/3 \leq \Phi \leq 4\pi/3$ 일 경우에

$$U = 0 e^{i0} + |U| \left\{ \cos(\Phi - 2\pi/3) + \sin(\Phi - 2\pi/3) / \sqrt{3} \right\} e^{i2\pi/3} + |U| \left\{ 2\sin(\Phi - 2\pi/3) / \sqrt{3} \right\} e^{i4\pi/3}$$

이 된다. 또한 $4\pi/3 \leq \Phi \leq 2\pi/3$ 일 때

$$U = |U| \left\{ 2\sin(\Phi - 4\pi/3) / \sqrt{3} \right\} e^{i0} + 0 e^{i2\pi/3} + |U| \left\{ \cos(\Phi - 4\pi/3) + \sin(\Phi - 4\pi/3) / \sqrt{3} \right\} e^{i4\pi/3}$$

이 됨을 알 수 있다. Burckhardt의 분해 방식은 Lee의 분해 방식과 같이 각 샘플링 포인트, 즉 (x, y)에서 2개의 영이 아닌 값을 갖는다. Burckhardt에 의한 이 표시 단순화는 컴퓨터에 의한 홀로그램 생성 과정에 요구되는 메모리 크기에서 25% 감소와 각 샘플링 포인트에서 25%만큼의 해상도 저감 효과를 제공한다.

이중-위상 (dual-phase) 결합 인코딩

이중-위상 (dual-phase) 결합 법을 사용하면, 임의의 복소수는 두 개의 순수한 위상들의 조합 형태로 해석적으로 분해될 수 있다. 즉, 이중-위상 결합 인코딩 방법을 위한 표현 식은 $H = [e^{i(\Phi + \phi)} + e^{i(\Phi - \phi)}] / 2$ 와 같이 쓸 수 있다. 여기서 진폭 값은 일정한 상수 1/2로 선택한다. 최근에 이 접근법으로 만들어진 홀로그램과 인접한 두 개의 빔 간 중첩 및 간섭 광학계를 이용하여 깊이 표현 및 밝기 변화 표현이 가능하다는 것이 광학적으로 검증되었다. 위상-전용 SLM에서 입사광이 두 개의 인접한 픽셀들과 선편광 회전자 및 광경로 제어 부품을 지나면서 한 쌍의 파동 중첩 효과에 의해 간섭이 일어나게 된다. 결국, 위상 변조로부터 파동 중첩 과정을 거치는 동안 복소수 변조가 최종적으로 이루어질수 있도록 복잡한 광학 부품들의 조합에 의해 설계된다.

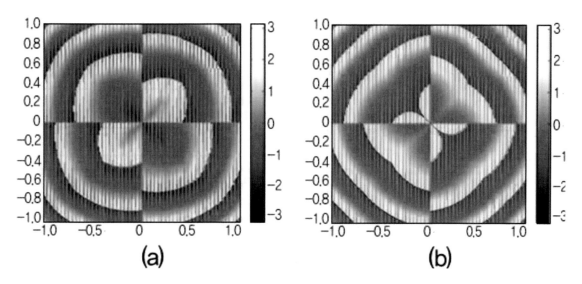

주어진 복소수 함수를 2개의 위상 셋 단으로 분해한 예

위의 그림은 시그널 복소수 함수의 예로서, $H(x, y) = \sin(2\theta) e^{i10(x^2 + y^2)}$ 가 주어졌을 때, 이 함수를

사용하여 2차원 픽셀 배열 구조 (픽셀 수: 360 x 360)를 갖는 LCD-SLM 패널에서 인접한 두 픽셀 단위로 위상 분해한 결과를 보여준다. 위 그림에서 (a)는 픽셀의 colume 값이 짝수 번째 픽셀들에 배당되는 위상 데이터이며, (b)는 colume 값이 홀수 번째 픽셀들에 배당되는 위상 데이터이다.

완벽한 홀로그램을 광학적으로 복원하려면, 위상과 진폭 정보가 모두 필요하며, 이들을 동시에 표현할 수 있는 적절한 광변조 표시 장치 기술의 개발이 함께 요구된다. 참고로 위상 및 진폭을 동시에 변조할 수 있도록 위상변조 SLM과 진폭변조 SLM을 샌드위치 타입으로 결합함으로써 복소변조 타입의 홀로그래픽 디스플레이가 최근에 실증되고 있다. 아래 표는 앞에서 소개한 각 인코딩 방식의 특성을 정리한 것이다.

인코딩 방식	Phasor 도표	SLM에서 표현
Complex -sandwiched Encoding	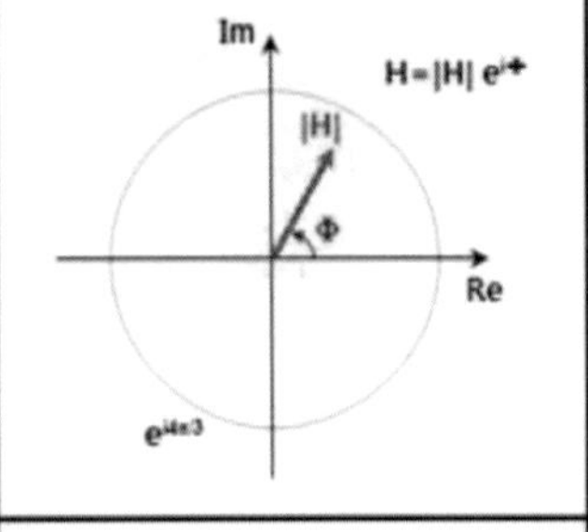	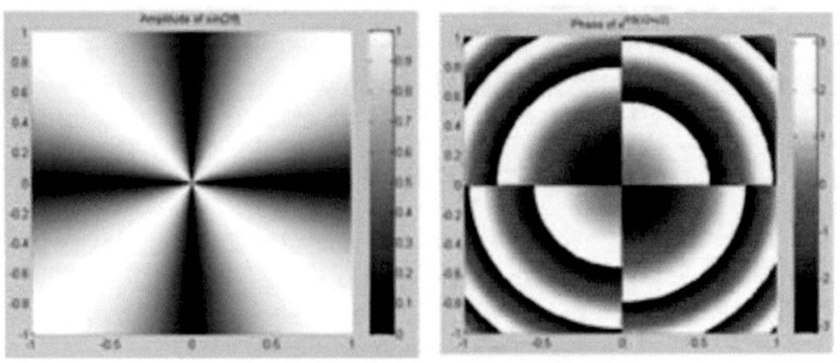
Burckhardt Encoding	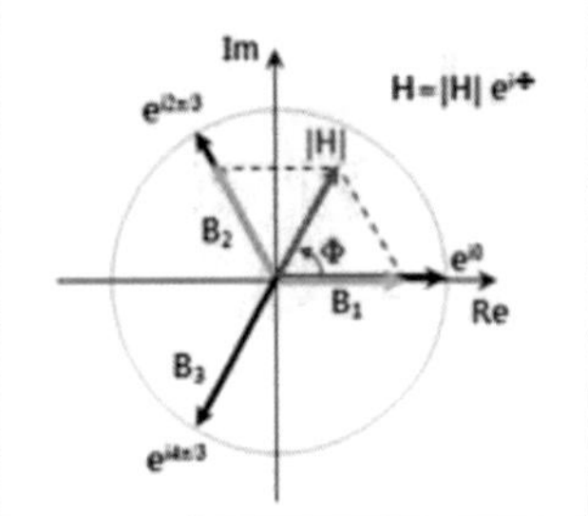	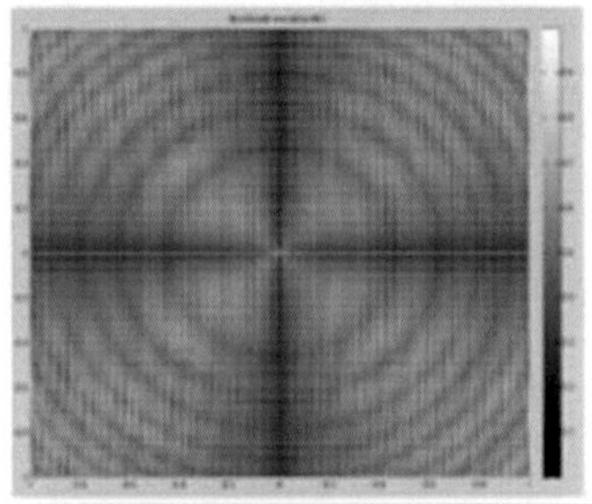
Lee Encoding	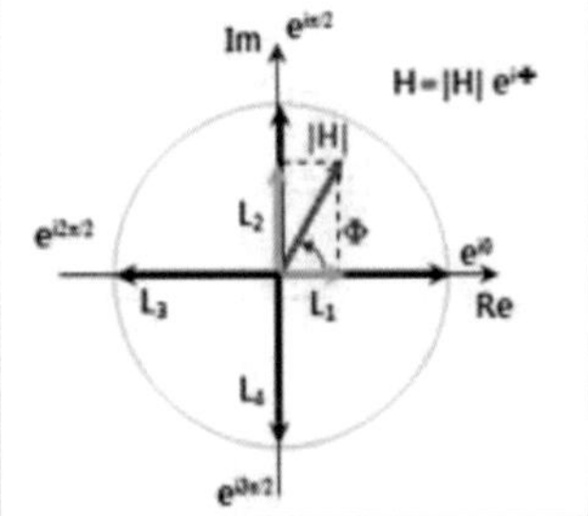	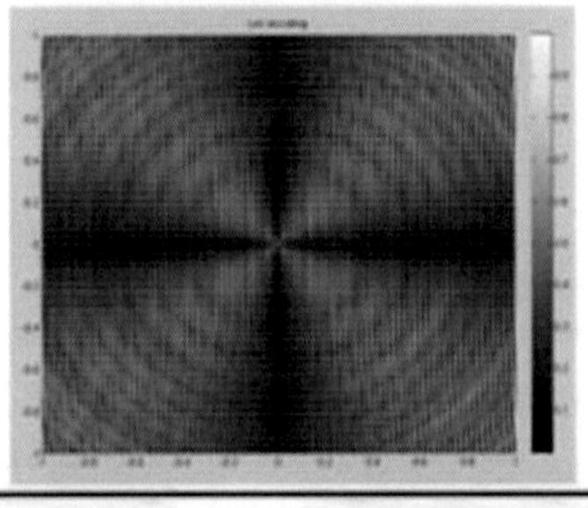
Dual-phase combined Encoding	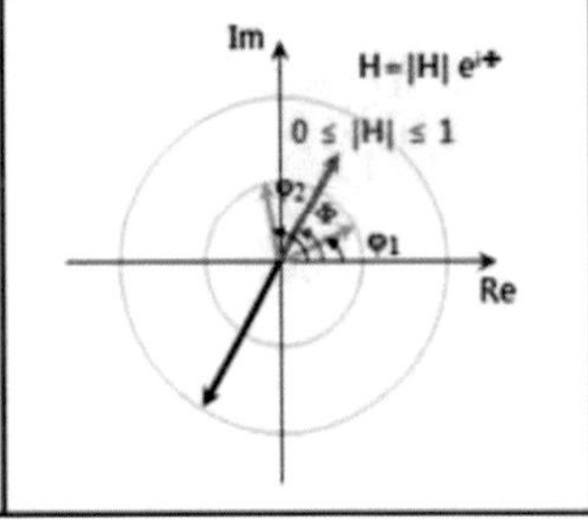	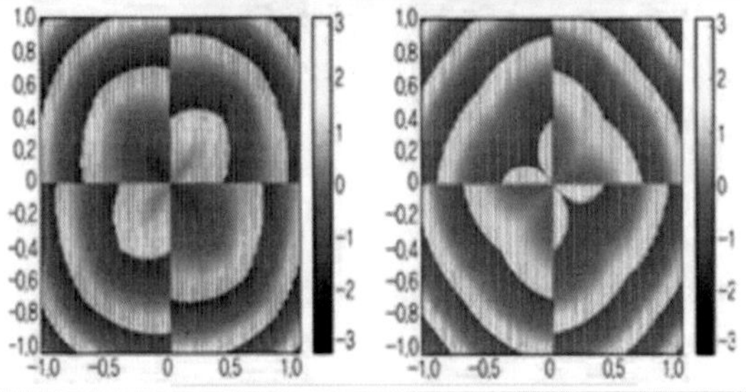

인코딩 종류별 표현 특성

5. Matlab을 활용한 Encoding의 예시들

홀로그램 함수 $H(x, y)$는 일반적으로 허수값을 포함하는 복소수 (complex value) 형태를 갖는다. 예를 들어, $H(x, y) = \sin(2\theta)e^{i10(x^2+y^2)}$와 같이 실수부와 허수부로 구성되어 나타낼 수 있다:

$$H(x, y) = \sin(2\theta)e^{i10(x^2+y^2)}, \quad -1 \le (x, y) \le 1, \quad \theta = \tan^{-1}\left(\frac{y}{x}\right)$$

여기서 이 예시 함수 $H(x, y)$를 이용한 진폭과 위상을 나타내는 함수 형식은 다음과 같다.

```
%x,y의 abs한 첫번째값 x(1,1)=1
[x,y] = meshgrid(-1:1/180:1-(1/180),-1:1/180:1-(1/180)); % 360 X 360 size의 XY-plane
abx=abs(x(1,1));
rad=floor(10*2*(abx^2)/pi); % (10(2N^2)/Pi의 나머지 계산

theta = atan(y./x); % theta 값 설정
a_H = sin(2*theta);
Nx = length(x); Ny = length(y); % SLM의 X,Y축 해상도

figure(1) % sin(2*theta)의 amplitude
mesh(x,y,abs(a_H));
colormap('bone')
colorbar('eastoutside')
title('Amplitude of sin(2*theta)')

phase1 = 10*(x.^2 + y.^2); %phase값 설정
phase1(1:180,181:360) = phase1(1:180,181:360) - pi; % 2사분면의 phase 값에 pi만큼 보상
phase1(181:360,1:180) = phase1(181:360,1:180) - pi; % 4사분면의 phase 값에 pi만큼 보상

% abx=1, max=(-6*pi) , abx=2, max=(-26*pi), abx=3, max=(-58*pi)
% 하나의 조건문으로 설정
for n = 1:Nx
    for m = 1:Ny
        if phase1(n,m) >= 5*pi
            phase1(n,m) = phase1(n,m) - 6*pi;
        elseif phase1(n,m) >= 3*pi
            phase1(n,m) = phase1(n,m) - 4*pi;
        elseif phase1(n,m) >= pi
            phase1(n,m) = phase1(n,m) - 2*pi;
        end
    end
end
figure(2)
mesh(x,y,phase1)
colormap('hot')
colorbar('eastoutside')
title('Phase of e^i^1^0^(^x^2^+^y^2^)')
```

여기서 x축과 y축을 -1부터 +1(정확히는 0.9944)까지 size를 360으로 맞춰주기 위해 1/180 간격으로 sampling 하였다. 그리고, Matlab에서 각도의 범위는 $-\pi \sim \pi$이기 때문에 그에 따른 범위로 계산하도록 조건문을 실행한다. 6π까지만 조건문을 진행한 것는 $P(x, y) = 10(x^2 + y^2)$에서 x축과 y축의 최대값이 1이며, 이 값을 대입을 하면 $10(1+1) = 20$이 된다. 이를 π값으로 나누게 되면 약 6.36값이 나오게 된다. 그러므로 $-\pi \sim +\pi$의 범위를 맞추기 위해서 6π까지 연산을 진행해 한다.

55

Burckhardt Encoding

Burckhardt Encoding은 3개의 pixel이 갖는 값으로 하나의 대표값을 만든 후, 대표값을 이용하여 3개의 real값을 만들어내는 인코딩을 하고 함수를 나타낼 경우 다음과 같다.

$$H_B(x, y) = A_1 e^{j0} + A_2 e^{j2\pi/3} + A_3 e^{j4\pi/3}$$

다음 식과 같이 Burckhardt는 3개의 방향 벡터만으로 데이터를 표현한다.

여기서 $H_B(x, y) = x + yi$ 라고 할 때 다음과 같은 범위 및 식으로 나타낼 수 있다.

$$0 \le \theta < 2\pi / 3 \ : \ A_1 = x + y / \sqrt{3}, \ A_2 = 2y / \sqrt{3}, \ A_3 = 0,$$

$$2\pi / 3 \le \theta < 4\pi / 3 \ : \ A_1 = 0, A_2 = -x + y / \sqrt{3}, A_3 = -x - y / \sqrt{3}$$

$$4\pi / 3 \le \theta < 2\pi \ : \ A_1 = x - y / \sqrt{3}, \ A_2 = 0, \ A_3 = -2y / \sqrt{3}$$

여기서 0~120°, 120°~240°, 240°~360°와 같이 총 세 구간으로 나누고, 그에 해당하는 값으로 행렬에 대입하여 저장한다. Matlab 소스는 다음과 같다.

```
%s_phase1 = phase1+pi; %기존의 위상의 범위가 -pi~pi 이기 때문에 phase의 범위기
s_phase1 = phase1;
%+pi를 해준 결과값과 아닌 값의 비교
cf = sin(2*theta).*exp(1i*s_phase1); %cf(Complex Field)는 amplitude + phase
amp=abs(sin(2*theta));
s_phase2=zeros(Nx,Ny/3); % amplitude의 평균을 구한 3개의 elements에 대한 대표

for i = 1:Nx
    for j = 1:Ny/3
        s_phase2(i,j) = s_phase1(i,j*3-1);
    end
end

xx=s_phase2(1,:);
yy=s_phase2(:,1);

Nx2=numel(xx); % n = numel(A) returns the number of elements, n, in array A
Ny2=numel(yy); %

IM=imag(cf);
RE=real(cf);
phase=angle(cf);
%IM, RE도 1/3 압축처리
for i = 1:Ny
    for j = 1:Nx/3
        IM2(i,j)=IM(i,j*3-1);
        RE2(i,j)=RE(i,j*3-1);
        phase2(i,j)=phase(i,j*3-1);
    end
end

BU=zeros(Ny2,Nx2*3);
NBU=zeros(Ny2,Nx2*3);
```

먼저 $H(x, y)$ 를 *cf* 로 선언한 후 1/3의 크기로 Sampling을 하기 위해 360x120 형태의 matrix를 선언 후 반복 문을 통해 데이터를 저장한다. 여기서 대입하는 값은 3개의 pixel중 가운데 값을 사용한다. 그 후 복소수의 *real*, *imag*, *phase* 값도 함수를 통해 추출 한 후 1/3의 크기로 sampling한다.

다음, 360x120만큼 회전을 하면서 0~120º, 120º~240º, 240º~360 총 세 구간에 따른 조건 문으로 나뉘며 각 계산식은 2페이지의 식을 소스로 변경하였다.

```
for i=1:Ny2
    for j=1:Nx2
        if phase2(i,j)>=0 && phase2(i,j)<2*pi/3
            BU(i,3*j-1) = (2/sqrt(3)).*IM2(i,j);
            BU(i,3*j-2) = RE2(i,j)+0.5.*BU(i,3*j-1);
            BU(i,3*j)= 0;

        elseif (phase2(i,j)>=2*pi/3 && phase2(i,j)<=pi)||(phase2(i,j)>-pi && phase2(i,j)<-2*pi/3)
            BU(i,3*j-1) = 0.5.*(-2.*RE2(i,j)+2/sqrt(3).*IM2(i,j));
            BU(i,3*j)=-2.*RE2(i,j)-BU(i,3*j-1);
            BU(i,3*j-2)= 0;

        elseif phase2(i,j)<0 && phase2(i,j)>=-2*pi/3
            BU(i,3*j) = -2/sqrt(3).*IM2(i,j);
            BU(i,3*j-2) = RE2(i,j)+0.5.*BU(i,3*j);
            BU(i,3*j-1)= 0;
        end
    end
end

for i=1:Ny2 % 360
    for j=1:Nx2 % 120

        NBU(i,j*3)=BU(i,j*3)*(1/sqrt((BU(i,j*3-1)+BU(i,j*3-2)+BU(i,j*3))));
        NBU(i,j*3-1)=BU(i,j*3-1)*(1/sqrt((BU(i,j*3-1)+BU(i,j*3-2)+BU(i,j*3))));
        NBU(i,j*3-2)=BU(i,j*3-2)*(1/sqrt((BU(i,j*3-1)+BU(i,j*3-2)+BU(i,j*3))));

    end
end
figure(3)
mesh(x,y,BU)
colormap('bone')
colorbar('eastoutside')
title('Burckhardt encoding BU')

figure(4)
mesh(x,y,NBU)
colormap('bone')
colorbar('eastoutside')
title('Burckhardt encoding NBU')
```

여기서 Normalization를 안해 줄 경우, 최대값이 1이 넘어버리게 때문에 다음과 같은 식으로 행렬에 연산해 주어 최대값이 1이 되도록 맞추어 준다.

$$NBU(i,3j) = BU(i,3j) \times (1/\sqrt{(BU(i,3j-1) + BU(i,3j-2) + BU(i,3j))})$$

실행 결과는 다음과 같다. (다음 뷰를 보려면 Figure에서 rotate 3D 체크 후 우 클릭)

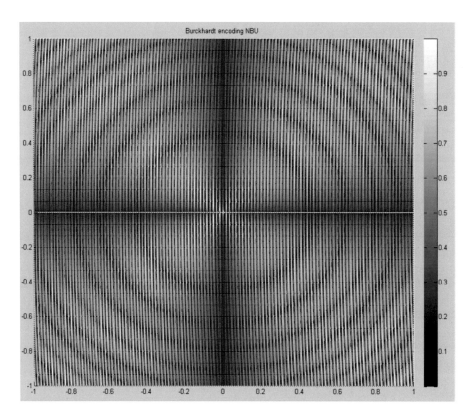

Burckhardt encoding x-y

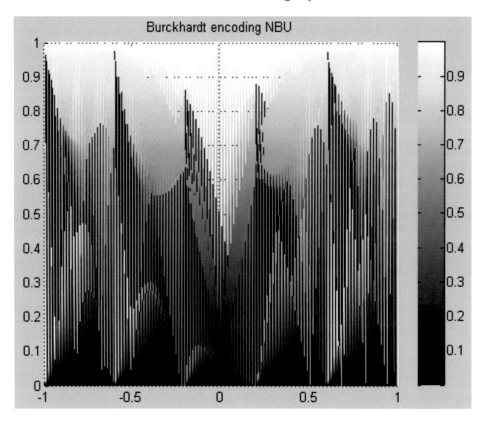

Burckhardt encoding x-z

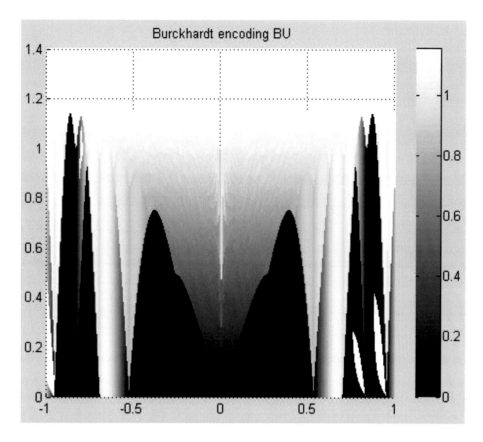

Burckhardt encoding y-z

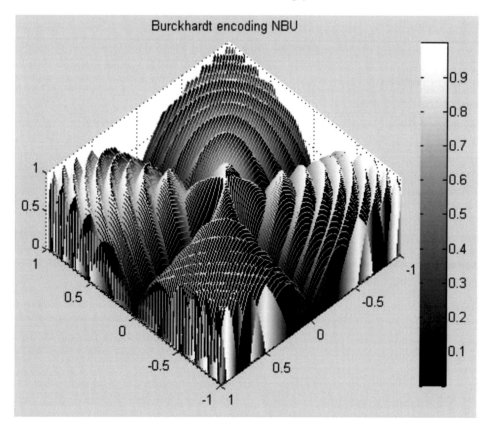

Burckhardt encoding

59

Lee's encoding

Lee's encoding은 Burckhardt가 3개의 pixel을 이용해 대표 값을 만드는 것처럼 4개의 pixel을 가지고 대표 값을 만든다.

따라서 Lee's는 다음과 같이 4개의 방향 벡터로 데이터를 표현한다.

$$H_L(x, y) = A_1 e^{j0} + A_2 e^{j2\pi/2} + A_3 e^{j\pi} + A_4 e^{j3\pi/2}$$

여기서, $H_L(x, y) = x + yi$ 라고 가정할 때 다음과 같은 범위 및 식으로 나타낼 수 있다.

$$0 \leq \theta < \pi/2 : A_1 = x, \ A_2 = y, \ A_3 = 0, \ A_4 = 0$$

$$\pi/2 \leq \theta < \pi : A_1 = 0, \ A_2 = y, \ A_3 = -x, \ A_4 = 0$$

$$\pi \leq \theta < 3\pi/2 : A_1 = 0, \ A_2 = 0, \ A_3 = -x, \ A_4 = -y$$

$$3\pi/2 \leq \theta < 2\pi : A_1 = x, \ A_2 = 0, \ A_3 = 0, \ A_4 = -y$$

다음과 같이 0~90°, 90°~180°, 180°~270°, 270°~360° 총 네 구간으로 나누어 그에 해당하는 값으로 행렬에 대입하여 저장한다. 매트랩 소스는 다음과 같다.

```
s_phase1 = phase1;
%+pi를 해준 결과값과 아닌 값의 비교
cf = sin(2*theta).*exp(1i*s_phase1); %cf(Complex Field)는 amplitude * phase이다
amp=abs(sin(2*theta));
s_phase3=zeros(Nx,Ny/4); % amplitude의 평균을 구한 4개의 elements에 대한 대표 ph

for i = 1:Ny
  for j = 1:Nx/4
    s_phase3(i,j) = s_phase1(i,j*4-2);
  end
end

xxx=s_phase3(1,:);
yyy=s_phase3(:,1);

Nx3=numel(xxx); % n = numel(A) returns the number of elements, n, in array A.
Ny3=numel(yyy); %
```

```matlab
IM3=imag(cf);
RE3=real(cf);
phase3=angle(cf);

%IM, RE도 1/4 압축처리
for i = 1:Ny
    for j = 1:Nx/4
        IM4(i,j)=IM3(i,j*4-2);
        RE4(i,j)=RE3(i,j*4-2);
        phase4(i,j)=phase3(i,j*4-2);
    end
end

for i=1:Ny3
    for j=1:Nx3
        if phase4(i,j)>=0 && phase4(i,j)<pi/2
            Lee(i,4*j-3) = RE4(i,j);
            Lee(i,4*j-2) = IM4(i,j);
            Lee(i,4*j-1) = 0;
            Lee(i,4*j)= 0;
        elseif phase4(i,j)>=pi/2 && phase4(i,j)<pi
            Lee(i,4*j-3)= 0;
            Lee(i,4*j-2) = IM4(i,j);
            Lee(i,4*j-1) = -RE4(i,j);
            Lee(i,4*j)= 0;
        elseif phase4(i,j) >= -pi && phase4(i,j)<=-pi/2
            Lee(i,4*j-3)= 0;
            Lee(i,4*j-2) = 0;
            Lee(i,4*j-1) = -RE4(i,j);
            Lee(i,4*j)= -IM4(i,j);
        elseif phase4(i,j)>=-pi/2 && phase4(i,j)<0
            Lee(i,4*j-3)= RE4(i,j);
            Lee(i,4*j-2) = 0;
            Lee(i,4*j-1) = 0;
            Lee(i,4*j)=-IM4(i,j);
        else

        end
    end
end
```

Burckhardt Encoding과 유사하게 1/4로 Sampling을 해주고 픽셀의 평균값을 지정하여 360x90 매트릭스에 저장한다. (평균값은 4개의 pixel중 3번째 pixel로 계산) 그 후 복소수의 $real, imag, phase$ 값도 함수를 통해 추출 한 후 1/4의 크기로 sampling한다.

다음은 360x120만큼 회전을 하면서 0~90°, 90°~180°, 180°~270°, 270°~360° 영역과 같이 총 세 구간에 따른 조건 문으로 나누고, 각 계산식은 앞 페이지의 식을 소스로 변경하였다.

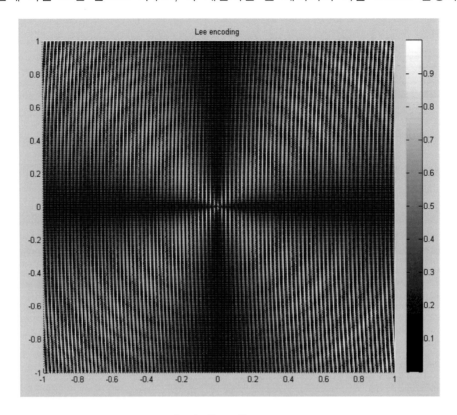

Lee's Encoding x-y

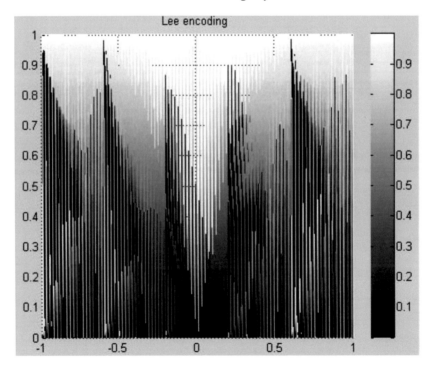

Lee's Encoding x-z

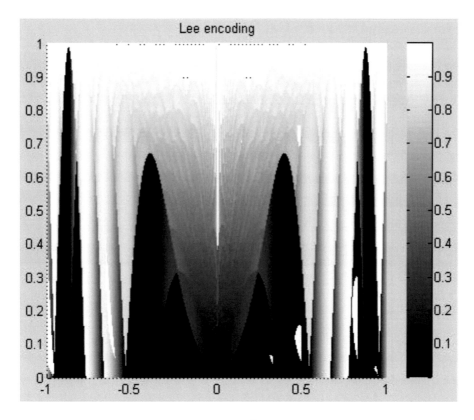

Lee's Encoding y-z

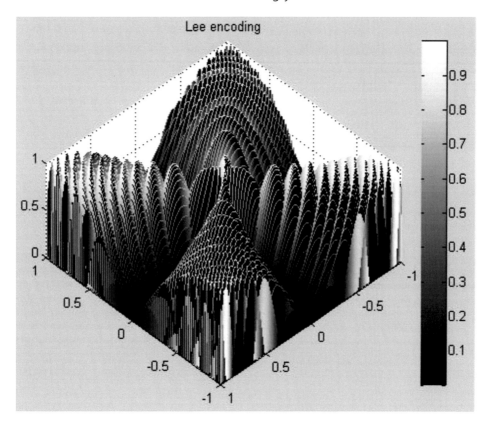

Lee's Encoding

Amplitude-only modulation

Amplitude-only Modulation 인코딩을 위한 변환 과정은 크게 4가지 과정으로 나뉜다.

복소수 $H = \sin(2\theta)\exp^{i10(x^2+y^2)}$ 이라고 가정할 때,

1. 복소수 H에서 *real*값만 추출한 매트릭스를 생성한다.

2. *real*값을 추출한 매트릭스에서 최소값을 찾는다.

3. 매트릭스의 element들이 모두 1인 행렬을 만든 후 매트릭스에서 추출한 최소값을 곱한다.

4. 3에서 만든 매트릭스와 *real* 값만 추출한 매트릭스를 더해서 element의 범위가 0<element<2 인 행렬을 생성한다.

5. – 값을 없애기 위해 매트릭스를 늘린 만큼 정규화를 해주기 위해 4에서 만든 매트릭스의 최대값을 계산 후 각 매트릭스의 element에 $1/\max$ 만큼 곱한다.

복소수 H에서 *real*값만 추출하여 출력을 할 경우 다음과 같이 -1<element<1의 범위에 해당되는 이미지가 나오게 된다 (과정 1).

```
[x,y] = meshgrid(-1:1/180:1-(1/180),-1:1/180:1-(1/180));
theta = atan(y./x); % theta 값 설정
amp=sin(2*theta);
Nx = length(x); Ny = length(y); % SLM의 X,Y축 해상도
phase1 = 10*(x.^2 + y.^2); %phase값 설정

cf = sin(2*theta).*exp(1i*phase1);

realcf=real(cf);

min=realcf(1,1);
max=realcf(1,1);
figure(3)
mesh(x,y,realcf)
colormap('bone')
colorbar('eastoutside')
title('real complex field')
```

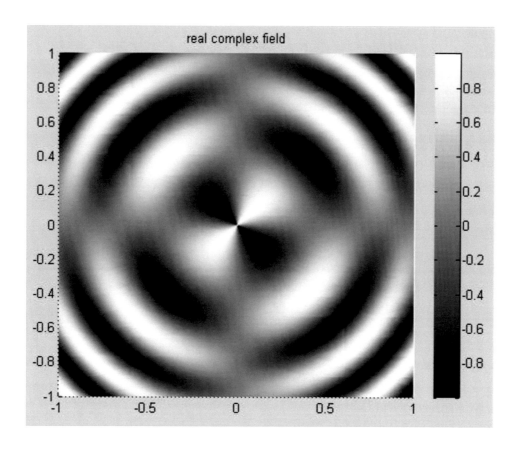

*real*값만을 추출한 매트릭스에서 최소값을 계산하기 위해 반복문으로 연산하였다. 그리고 3의 과정과 4의 과정을 거친다.

```
MatI=ones(360); % 360x360 행렬 (matrix with only element=1)

for a = 1:Nx
    for b = 1:Ny
        if realcf(a,b)<=min
            min=realcf(a,b);

        elseif realcf(a,b)>=max
            max=realcf(a,b);
        end
    end
end

%최소값 = -1

MatI_tmp=abs(min)*MatI; %  360x360 행렬 (matrix with only element=abs(temp))
cfMat=zeros(Nx,Ny);
```

```
]for i = 1:Nx
]    for j = 1:Ny
         cfMat(i,j)=realcf(i,j)+Matl_tmp(i,j); % cf의 실수부를 non-negative화
     end
·end
```

마지막으로 5번 과정에 필요한 최대값을 계산하고 정규화를 하여 최종적으로 출력을 하면 0<element<1의 범위로 출력이 되는 결과물을 확인할 수 있다.

```
cfMatMax=cfMat(1,1);
for a = 1:Nx
    for b = 1:Ny

        if cfMat(a,b)>=cfMatMax
            cfMatMax=cfMat(a,b);
        end
    end
end

% Normalization
NcfMat=zeros(Nx,Ny);
for i = 1:Nx
    for j = 1:Ny
       %NcfMat(i,j)=cfMat(i,j)*(1/2);
       NcfMat(i,j)=cfMat(i,j)*(1/(cfMatMax));  % normalization of cfMat by using Max(cfMat)=2
    end
end
```

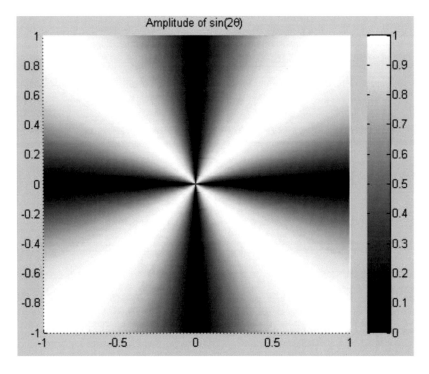

Amplitude x-y

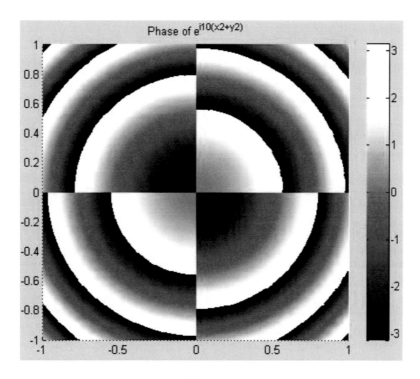

Phase x-y

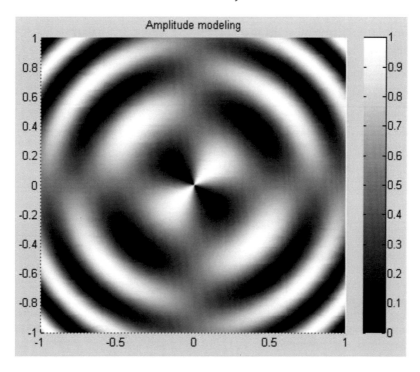

Amplitude modulation

※ 참고: 에디터 상에서 회색 강조 선이 생길 경우에, 아래 설정을 참고한다.

1. File -> Preferences

2. Editor/Debugger -> Display -> Right-hand text limit (Show line check off)

6. CGH 데이터에 의한 영상 복원 (reconstruction)의 예시들

앞에서 설명된 인코딩 기법들을 적용하여 제작된 홀로그램 데이터를 공간광변조기에 표시하여 광학적으로 영상을 재생 (optical reconstruction)하게 된다. 사용된 공간광변조기 (LCD-SLM) 및 광학계의 사양은 다음과 같다. 필드 렌즈의 초점 거리는 750 mm, SLM의 픽셀 크기는 47 um이고, 해상도는 2560x1440이다. 특히, 5.5인치 크기를 갖는 LCD- SLM의 활성 면적 (active area)을 충분히 조명하기 위하여 두 개의 VBG 기반 도광판을 활용한 BLU를 제작하였다. 조명 광원의 파장은 532 nm를 사용하였다. 준비된 홀로그램 데이터에 의해 복원되는 재생 이미지는 SLM에 인접하게 배치된 필드 렌즈의 초점 길이 특성에 의해서 SLM으로부터 750 mm의 거리에 SLM 카메라를 배치한 상태에서 관찰된다. 복원 영상을 촬영하기 위해 실험에서 사용된 카메라는 Canon EOS 5D모델이다. 여기서 조리개가 완전히 열렸으므로 촬영 중 깊이의 변화를 쉽게 확인할 수 있다. (공간에 재생된 재생 이미지를 촬영하기 위한 조건으로서, DSLR 카메라의 *F* 번호는 2.8로 선택하고, ISO는 8000로 설정하며, 셔터 속도는 1/20으로 선택한다.) 아래 그림은 복원 실험을 위해 준비된 전체 시스템을 보여준다.

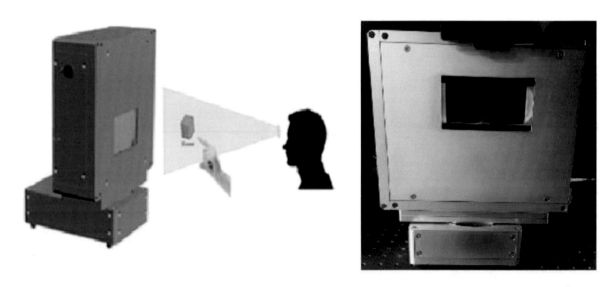

다음으로 CGH 데이터를 준비한 방법에 대해 설명한다. 먼저 360도 홀로그램용 콘텐츠를 제작하기 위해 MAYA 2018 프로그램에서 가상 카메라를 사용하여 1,024개의 RGB-Depth map 이미지 세트를 획득한다. 아래 그림과 같이 360도로 회전하는 궤도를 만들고, 이 궤도를 따라 가상 카메라가 계속 움직이도록 설정해준다. 여기서, 가상 카메라가 이 궤도를 한바퀴 도는 동안에 RGB-Depth map 이미지를 캡처하게 된다.

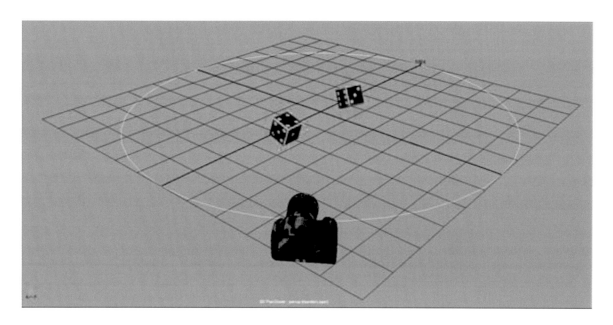

RGB 및 Depth map 이미지를 캡처하기 위해 궤도 중심 부근에 객체(들)를 배치한다. 예를 들어, 가상 카메라가 주어진 궤도를 한바퀴를 도는 동안에 1,024개의 RGB-Depth map 세트를 획득하기 위해서, 3개의 RGB-Depth map 세트 당 1도 회전하도록 설정한다. 이 과정을 통하여 얻어진 RGB-Depth map 이미지 세트의 일부가 아래 그림에서 보여주고 있다.

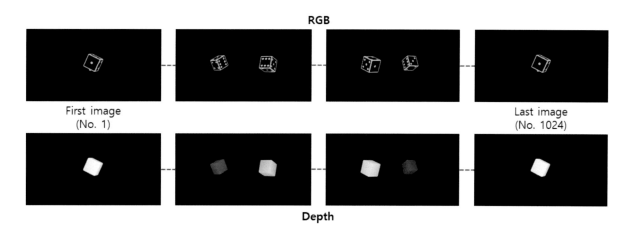

RGB-Depth map 세트 (총 1,024개의 세트 중의 일부)

그리고, 아래 그림에서 보여주는 홀로그램은 Burchhardt 인코딩 방법을 사용하여 도출된 결과이다. FFT 알고리즘을 통한 CGH를 계산하는 과정에서 물체 주변의 깊이 설정을 위해 깊이 심도의 시작 값 (깊이 맵에서 0 grey 위치값)을 -50 mm로 설정하였다.

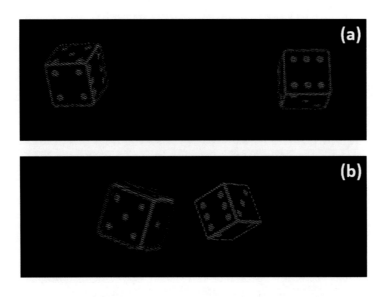

LCD-SLM용으로 준비된 홀로그램 데이터의 예

이렇게 준비된 총 1024 세트의 CGH 이미지는 LCD-SLM 타입의 홀로그래픽 디스플레이 패널에 업로드가 된다. 그리고 DSLR 카메라를 통해 3차원 공간에서 복원된 물체들을 촬영된 이미지는 아래 그림에서 보여준다. 즉, 아래 그림 (a)는 두 객체가 함께 초점이 맞춰져 있는 조건에서 관찰한 사진이다. 그리고 아래 (b)는 왼쪽 물체에 초점을 맞춘 상태이며, 아래 그림 (c)는 오른쪽 물체에 초점을 맞춘 상태에서 촬영한 결과이다. 피사체에 초점이 맞춰지면 선명하게 촬영되는 반면에, 초점이 맞지 않는 피사체는 흐려지게 된다. 따라서, 홀로그래피 기술에 의해 재생된 입체 영상은 공간상에서 초점 조절 (accommodation) 효과를 관찰할 수 있음을 알 수 있다. 아래 그림 (b) 및 (c)에서 두 물체 간의 깊이 방향으로의 거리 차이는 약 10 cm이다.

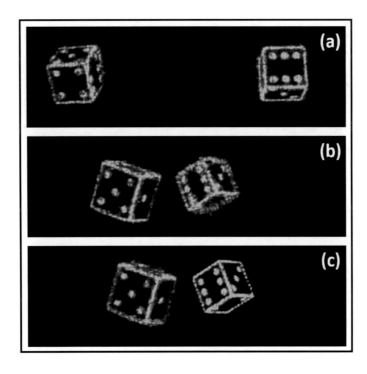

LCD-SLM에서 복원된 이미지를 카메라로 촬영한 사진들

한편, 최근에 소위 DenseDepth 모델을 활용하여 여러 시점의 RGB 이미지로부터 양질의 Depth map을 추출하는 딥러닝 (deep learning) 기법이 소개되었다. 이 모델은 입력으로 들어간 RGB 이미지의 특징 (feature) 추출 및 다운샘플링 (down-sampling)을 진행하는 인코더 (Encoder) 영역, 그리고 이 인코더 파트에서 추출한 특징들을 서로 concat하고 Depth map 관련 특징들로 구성하여 업샘플링 (up-sampling)을 진행하는 디코더 (Decoder) 영역으로 구성되어 있다. 예를 들어, Maya 툴로부터 획득된 FHD (1920x1080) 해상도의 이미지 세트 (1,024개의 RGB-Depth map 이미지들)가 주어질 때, 이 이미지 세트를 딥러닝용 학습 모델로 학습을 진행하기 위해서, 먼저 Pytorch 라이브러리에서 지원하는 DataParallel Model 변환 함수를 사용하여 Pytorch에서 지원하는 torchvision.models.Densenet-161 모델이 Multi-GPU 서버에서 동작되도록 환경을 구축한다. 주어진 RGB 이미지 데이터 세트는 훈련 (training)용 데이터: 시험 (test)용 데이터 = 6:4의 비율로 사용한다. 아래 그림은 주어진 RGB 이미지에 대응되는 원본 Depth-map 이미지 및 DenseDepth 모델로부터 추정된 Depth map 이미지를 보여주고 있다. 비선형성을 지닌 물체에 대하여 깊이 맵을 추정한 결과는 윤곽선 영역 추출이 상당히 명확한 점은 우수하지만, 실제 원본 Depth map 값 대비 디테일이 떨어지는 현상을 보이고 있다.

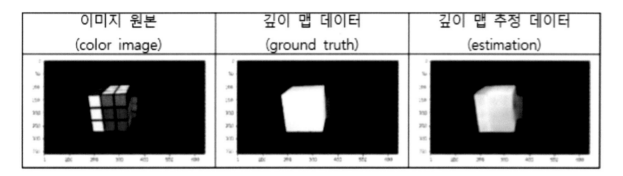

그리고, 아래 그림은 원본 RGB 이미지 (좌) 및 DenseDepth 모델로 추정 (estimation)된 Depth-map 이미지를 이용하여 계산된 CGH로부터 수치적으로 복원 (numerical reconstruction)된 이미지 (우)를 보여주고 있다. 비록 딥러닝 방법에서 도출된 Depth-map 데이터를 활용한 CGH는, 이를 복원시키면, 물체 이미지의 외부 경계 영역이 흐려지는 점이 나타나고 있지만, 원본 물체 (reference) 이미지에 상당히 근접할 정도의 형상 유사도를 제공하고 있음을 알 수 있다.

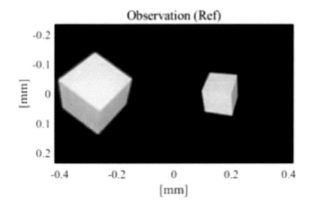
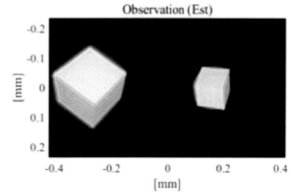

III. 결론

우리는 본 도서를 통하여 이상에서 빛의 파동 특성인 회절과 간섭, 그리고 편광을 통한 물체로부터 나오는 빛의 파면 특성을 정확히 기록하고, 이 파면을 복원하는 과정을 컴퓨터 연산 처리 기법 및 광전자디스플레이소자 기술에 의해 구현함으로써 실제 물체와 동일한 입체 효과를 제공하는 디지털 홀로그램 기술을 살펴보았다. 특히, 컴퓨터 그래픽을 이용한 홀로그래피용 3D 콘텐츠 획득 방법과 실물로부터 홀로그래피용 3D 콘텐츠를 고속으로 획득·처리하는 방법을 살펴보았다. 또한 컴퓨터 합성에 의한 홀로그램 계산 알고리즘 관련된 CGH 생성 기법들과 인코딩 방식들을 소개하였다. 그리고 홀로그래픽 콘텐츠를 재생을 위한 홀로그래픽 디스플레이 시스템을 구현하기 위한 중요한 광학 요소들을 살펴보았다. 마지막으로, 본 도서는 RGB-Depth map 이미지로부터 계산된 홀로그램 데이터를 진폭변조형 공간광변조기를 통한 광학적 복원한 사례와 딥러닝 기법으로 홀로그램 데이터를 획득하고 이를 수치적 복원한 사례를 제시하였다.

디지털 홀로그래피에서 화질 성능 향상의 핵심 요소 기술들은 다음과 같이 요약된다. 첫째, "얼마나 정확하게 흰색 점을 원하는 위치에서 한 점의 형태로 표현할 수 있는가?"라는 질문의 해결 기술이다. 본론에서 살펴본 바와 같이 공간광변조기 (SLM)의 화소들(pixels)이 매트릭스 형태로 배열된 구조에 조명되는 빛은 색상 (파장: λ)에 따라 회절 강도에서 차이가 발생한다. 픽셀 피치가 p일 때, 회절각 (Θ)은 $\Theta \approx \lambda/p$의 관계가 있다. 둘째, 이 SLM에 의해 회절되는 차수들 중에서 중앙의 가장 큰 피크 (DC 항)과 다음의 피크 (1차 회절광) 사이의 간격을 넓힐 수 있는 디스플레이 소자의 해상도 개선 기술, 그리고 이 두 피크 사이의 영역에서 들어오는 신호대 대 잡음비 (SNR: Signal to noise ratio)을 증대시킬 수 있는 고품질의 홀로그래픽 콘텐츠 생성을 위한 홀로그램 합성 및 처리 기술이 필요하다.

끝으로 우리가 살펴본 이 디지털 홀로그래피는 기존의 3차원 영상 디스플레이 방식에서 나타나는 시각 피로 현상과 같은 문제를 근본적으로 해결하는 완전한 입체 영상 기술이다. 그러므로, 마치 실물을 바라보는 것처럼, 빛들이 허공에서 모여 맺혀진 물체 상을 자연스럽게 보고, 직접 만질 수 있으며, 나아가 물체와 사람 간에 상호작용을 할 수 있어서, 빛이 매개체로 하여 사람과 디스플레이 기술이 공간에서 함께, 그리고 실시간으로 융합하는 날이 가까운 장래에 실현될 것이다.

IV. 부록

1. 빛의 파동 특성

1. 빛과 전자기파

우리가 세상을 눈으로 본다는 것은 무엇인가? 사람이 사물을 보는 것은 사물 그 차체가 아니라 사물 표면에서 나오는 빛이 주는 인상이다. 여기서 빛은 일반적으로 전자기파 스펙트럼 중에서 가시광선 (可視光線, 파장 범위: 380~750 nm)을 말한다. 스스로 빛을 내지 못하는 물체는 외부에서 조명하는 광원이 필요하다. 반사체로서의 물체는 자체의 고유한 물성뿐만 아니라 외부 조명광의 특성에 따라 다른 인상을 발현한다. 점들이 모여서 선이 되고 결국 면이 되는 것과 같이, 주어진 3D 물체를 표면층을 채우는 많은 점들로 구성된 것으로 취급할 때, 각 점은 입사된 조명광을 산란시키는 물체 점 (object point)이 된다. 또한, 동시에 이 물체 점은 특정한 방향으로 산란되는 빛의 출발 점 (point emitter)이 된다. 이러한 빛의 출발점들의 집합 (a set)이 바로 주어진 3D 물체를 보게 하는 것이다.

1초당 파동의 진동하는 횟수를 진동수 또는 주파수라고 한다. 파장이 짧을수록 진동수는 많아진다. 전기장의 진동인 전자기파가 전자와 같은 전기를 띤 입자 (즉, 하전 입자)를 마주칠 때, 이 입자는 전기장에 의해 움직이게 된다. 진동수가 많은 전자기파일수록 전자를 심하게 진동시키기 때문에 진동수가 많을수록 에너지가 큰 전자기파이다. 한편, 하전 입자가 진동하면 전자기파가 발생한다. 예를 들어, 전자가 심하게 진동할수록 진동수가 많은 전자기파가 발생한다. 온도가 높은 물체는 열에너지에 의한 원자 및 분자가 심하게 진동 운동 또는 회전 운동을 하기 때문에 진동수가 높은(즉, 파장이 짧은) 전자기파를 많이 방출할 수 있다.

전자기파의 일부가 물질에 흡수되는 과정을 통해 전자기파의 에너지가 물질에 인계된다. 전자기파가 물질을 통과하는 동안에 물질 중에 있는 분자 속의 전자에 작용하고, 그 결과로 분자 전체를 흔들게 한다. 원자 또는 분자의 운동이 격렬한 정도를 나타내는 물리량인 온도는 따라서 증가하게 된다. 진동하는 물체는 물체마다 흔들리기 쉬운 진동수를 갖는데, 이것을 고유진동수라고 한다. 예를 들어, 유리의 분자에서 원적외선과 자외선 영역에 해당되는 전자기파의 진동수에서 고유진동수를 가진다. 유리에 원적외선 또는 자외선을 쪼여주면, 유리 분자는 공명을 일으켜 이 빛을 흡수하고 진동을 격렬하게 한다. 진동하는 분자는 주위의 분자와 충돌하는 과정에서 에너지를 주위에 넘겨주어 진동은 진정되며, 이 경우에 빛의 방출을 하지 않는다. 결과적으로 원적외선 또는 자외선은 유리 분자에 의해 흡수됨으로써 열에너지로 전환되어 유리의 온도를 높인다. 이에 비해 유리 분자에 의해 공명을 일으키지 않는 가시광선은 유리 분자에게 흡수되었다가 순간적으로 재방출된다. 이 흡수 및 재방출 과정이 유리 안에서 반복되며, 그 결과로 유리에서 빛의 속도가 진공에서 보다 더 느려진다. 빛에 대한 물질의 투명 또는 불투명한 특성은 물질의 고유진동수에 의해 결정된다. 산란광이 사람 눈의 수정체를 통해 들어 가게 되면, 이 가시광선은 눈의 망막 세포에 포함된 감광색소 분자 속의 전자들을 흔들고 결과적으로 감광색소의 분자 상태를 바뀌게

한다. 가시광선의 흡수에 따른 감광색소 분자 구조의 변형 반응을 바탕으로 하는 신호는 시신경에서 뇌로 시각 정보가 전해진다. 결국 뇌는 산란광의 과거가 되는 출발 점, 곧 물체 점을 인지하게 되는 것이다.

2. 빛의 편광 (polarization) 특성

임의의 광원에서 나온 빛이 폴라로이드 필름이나 방해석 (calcite)과 같은 특정한 광 물질을 통과하면서 전기장의 진동 형태가 일정한 규칙성을 가질 때, 이 빛은 편광(polarization)되어 있다고 한다. 편광의 종류는 전기장이 진동하는 모양에 따라 타원편광, 원편광, 직선편광 등으로 분류된다. 전기장과 자기장이 서로 진동을 하면서 전파되는 빛 (전자기파)이 자유공간이나 매질을 진행하는 것을 고려하자. 관측자를 향해 다가오는 빛의 진행 방향을 양의 z 축 방향으로 정하면, 횡파인 빛이 만드는 진동 방향은 이 진행 방향의 수직한 면 (x-y 면)에 놓이게 된다. 빛이 진행하면서 빛이 진행하면서 전기장의 진동축이 일정한 속도로 회전하는 경우에 타원 편광 상태가 되며, 이 타원편광 상태의 전기장 표현은 $\vec{E} = (E_{0x}\hat{i} + e^{\pm i(\pi/2)}E_{0y}\hat{j})e^{i(kz-\omega t)}$ 이다. 여기서 E_{0x}와 E_{0y}는 복소수이다. 특별히 전기장의 크기는 일정하면서 그 진동축이 일정한 속도로 회전하는 경우에 원편광 상태가 되며, 이러한 원편광 상태의 전기장 표현은 $\vec{E} = E_{0x}e^{i(kz-\omega t)}(\hat{i} + e^{\pm i(\pi/2)}\hat{j})$ 이다. 이 원편광 상태는 두 성분 간에 $\pm\dfrac{\pi}{2}$ 만큼 위상차가 있음을 알 수 있다. 한편, 빛이 진행하면서 전기장의 진동 방향이 하나의 평면 상에서 항상 일정한 경우는 직선편광 상태가 되며, 이 직선편광 상태의 전기장 표현은 $\vec{E} = (E_{0x}\hat{i} + E_{0y}\hat{j})e^{i(kz-\omega t)}$ 이다.

이제 빛의 편광 특성을 기술할 수 있는 Jones 벡터 표현식을 살펴보자. 빛의 편광 방향은 선형 광학 물질을 통과하면서 이 매질에 더 큰 영향을 주는 전기장 벡터가 진동하는 방향으로 정한다. 전자기파의 진행 방향은 z축 일 때, 편광된 상태를 보이는 빛의 전기장 벡터는 일반적으로 x-y 평면에서 서로 수직인 두 성분으로 분해될 수 있다. 임의의 편광 제어 소자와 전기장의 벡터에 의한 빛의 편광 상태를 용이하게 표현하는 한가지 방법으로 Jones 벡터식이 있다. 예를 들면, 일반적인 편광 상태인 타원편광에 대한 전기장 표현을 Jones 벡터로 다음과 같이 쓸 수 있다.

$$\vec{E} = \begin{pmatrix} E_x(t) \\ E_y(t) \end{pmatrix} = \begin{pmatrix} |E_{0x}|e^{i\phi_x} \\ |E_{0y}|e^{i\phi_y} \end{pmatrix}$$

선편광자 (liner polarizer)

선편광 상태는 전기장 벡터의 수평 (x축 방향) 성분과 수직 (y축 방향) 성분 간의 위상차가 없기 때문에 수평 방향의 선형 편광 상태와 수직 방향의 선형 편광 상태의 Jones 벡터는 각각 $\vec{E}_H = \begin{pmatrix} 1 \\ 0 \end{pmatrix}$와 $\vec{E}_V = \begin{pmatrix} 0 \\ 1 \end{pmatrix}$로 표현된다. 한편, 두 방향의 성분의 크기는 동일 ($E_{0x} = E_{0y}$)하고, 위상차는 $\phi_x - \phi_y = \pm 2\pi n$ (n은 정수)일 경우를 고려하자. n이 짝수 일 경우, +45° 방향의 선편광 상태가 되는데, 이 경우의 Jones 벡터는

$$\vec{E}_{+45} = \frac{1}{\sqrt{2}} \begin{pmatrix} 1 \\ 1 \end{pmatrix}$$

이며, n이 홀수 일 경우, -45° 방향의 선편광 상태가 되는데, 이 경우의 Jones 벡터는

$$\vec{E}_{-45} = \frac{1}{\sqrt{2}} \begin{pmatrix} 1 \\ -1 \end{pmatrix}$$

로 표현된다. 그리고, 원편광 상태는 두 방향의 성분 간에 $\pm\frac{\pi}{2}$ 만큼 위상차가 있기 때문에, 만일 두 방향의 성분의 크기는 동일 ($E_{0x} = E_{0y}$)하면서 y-성분의 위상이 x-성분보다 90° 더 앞설 경우 ($\phi_y = \phi_x - \frac{\pi}{2}$)는 전기장 벡터의 끝 부분이 시계 (또는 오른손) 방향으로 회전하는 원편광 상태가 되며, Jones 벡터는

$$\vec{E}_R = \frac{1}{\sqrt{2}} \begin{pmatrix} 1 \\ -i \end{pmatrix}$$

로 표시된다. 그리고, 만일 두 방향의 성분의 크기는 동일 ($E_{0x} = E_{0y}$)하면서 x-성분의 위상이 y-성분보다 90° 더 앞설 경우($\phi_x = \phi_y - \frac{\pi}{2}$)는 반시계 (또는 왼손) 방향으로 회전하는 원편광 상태가 되며, Jones 벡터는

$$\vec{E}_L = \frac{1}{\sqrt{2}} \begin{pmatrix} 1 \\ i \end{pmatrix}$$

로 표시된다.

선형 광학 부품	Jones 행렬		광학 부품	Jones 행렬	
수평 선 편광자	$\begin{pmatrix} 1 & 0 \\ 0 & 0 \end{pmatrix}$	$\leftrightarrow$	$\begin{pmatrix} \text{고속축 수직} \\ \text{고속축 수평} \end{pmatrix}$ 사분의일 파장판	$e^{i\pi/4}\begin{pmatrix} 1 & 0 \\ 0 & \mp i \end{pmatrix}$	
수직 선 편광자	$\begin{pmatrix} 0 & 0 \\ 0 & 1 \end{pmatrix}$	$\updownarrow$	$\begin{pmatrix} \text{고속축 수직} \\ \text{고속축 수평} \end{pmatrix}$ 이분의일 파장판	$e^{i\pi/2}\begin{pmatrix} 1 & 0 \\ 0 & \mp 1 \end{pmatrix}$	
±45° 선편광자	$\frac{1}{2}\begin{pmatrix} 1 & \pm 1 \\ \pm 1 & 1 \end{pmatrix}$	↗ ↙	$\begin{pmatrix} \text{우원} \\ \text{좌원} \end{pmatrix}$ 편광자	$\frac{1}{2}\begin{pmatrix} 1 & \pm i \\ \mp i & 1 \end{pmatrix}$	↻ ↺

선형 편광 기구들에 대응되는 Jones 행렬 표현들

Jones 벡터를 이용하면, 편광된 빛이 선형 광학 소자를 통과한 후에 빛의 편광 상태를 쉽게 알 수 있다. 빛의 편광 정보인 Jones 벡터들을 변환시키는 편광 제어 소자는 2X2 행렬 형태를 가진다. 대표적인 광학 소자들의 행렬 표현은 아래 표와 같다. 빛이 여러 개의 광학 소자들을 지나게

될 경우, 이 빛이 통과하는 순서대로 각 광학 소자에 대응되는 행렬을 곱해 나가면 되고, 행렬 간의 곱에 의해 얻어진 결과를 사용하여 주어진 빛의 최종 편광 상태를 알 수 있다.

회전자와 위상 지연판

선편광 회전자는 편광된 주어진 빛을 원하는 특정 방향으로 편광을 회전 (회전각도: θ)시킬 수 있다. Jones 벡터를 이용하면, 편광 회전자 (rotator)는

$$R(\theta) = \begin{pmatrix} \cos\theta & -\sin\theta \\ \sin\theta & \cos\theta \end{pmatrix}$$

으로 주어진다.

위상 지연판 (phase retarder)은 이방성 결정 물질을 잘라내어 만들어진다. 위상 지연판은 서로 수직한 방향으로 빠른 광축과 느린 광축을 가지고 있기 때문에 이 위상 지연판을 지나는 빛은 복굴절을 경험한다. 진동하는 전기장은 빠른 광축을 지날 경우보다 느린 광축을 지날 경우에 더 많은 위상 지연을 경험한다. 빠른 광축에서 지연된 위상 및 느린 광축에서 지연된 위상을 각각 ϕ_x와 ϕ_y라고 하면, 위상지연판의 일반적인 Jones 행렬 표현식은

$$\begin{pmatrix} e^{i\phi_x} & 0 \\ 0 & e^{i\phi_y} \end{pmatrix}$$

으로 주어진다. 예를 들면, 두 축간에 발생하는 위상 지연의 차이가 180°가 되는 지연판을 반파장판 (HWP, half waveplate)이라고 한다. 빠른 광축이 수평 방향 (x-축)으로 놓여 있는 HWP의 jones 행렬은

$$HWP = \begin{pmatrix} e^{-i\pi/2} & 0 \\ 0 & e^{i\pi/2} \end{pmatrix}$$

으로 주어진다. 그리고, 이 위상 지연의 차이가 90°가 되는 지연판을 사분의일파장판 (QWP, quarter waveplate)이라고 부른다. 선편광된 빔을 반파장판에 통과시키면, 반파장판은 입사하는 선편광축 방향과 빠른 광축 사이의 각의 두 배로 주어지는 각도로 선편광축을 회전시키게 된다. 빠른 광축이 수평 방향 (x-축)으로 놓여 있는 QWP의 jones 행렬은

$$QWP = \begin{pmatrix} e^{-i\pi/4} & 0 \\ 0 & e^{i\pi/4} \end{pmatrix}$$

으로 주어진다. 빠른 광축이 x-축에 대해 θ만큼 회전된 HWP와 QWP의 일반적인 Jones 행렬 표현식은 다음과 같이 각각 주어진다.

$$HWP(\theta) = R(\theta) \begin{pmatrix} e^{-i\pi/2} & 0 \\ 0 & e^{i\pi/2} \end{pmatrix} R(-\theta),$$

$$QWP(\theta) = R(\theta)\begin{pmatrix} e^{-i\pi/4} & 0 \\ 0 & e^{i\pi/4} \end{pmatrix} R(-\theta)$$

예를 들어, 빠른 광축이 x-축에 대해 45°만큼 회전된 HWP의 Jones 행렬은

$HWP(45°) = \begin{pmatrix} 0 & -i \\ i & 0 \end{pmatrix}$ 가 된다. 수평 방향으로 선평광 전기장이 $HWP(45°)$ 을 통과하게 되면, $HWP(45°)$ 가 전기장의 진동 면을 90°로 회전시키게 함으로써 수직 편광된 빛으로 출력된다.

한편, LCD 내부의 액정층은 이 결정들의 이방 특성 때문에 전자기 파동과의 상호작용하는 방식에 있어서 위상지연판과 유사한 점이 있다. LCD의 각각의 셀은 비정상 굴절율 값을 인가하는 전압에 의해서 능동적으로 제어할 수 있는 장점을 갖는다. 이러한 특징으로 인해 LCD의 셀은 위상 지연을 가변할 수 있는 특수한 위상 지연판으로 간주할 수 있다.

3. 가우시안 (Gaussian) 형상의 레이저

레이저에서 나오는 출력 광은 전기장 성분과 자기장 성분으로 이루어진 횡파 타입의 전자기파 (Transverse ElectroMagnetic wave)이다. 영문의 앞 글자를 따서 TEM파라고 부르며, 특별히 레이저 광의 진행방향에 대한 수직 단면에서 세기 분포 특성을 횡모드 (transverse mode)라 한다. 다양한 횡모드 상태가 가능하며, TEM파의 여러 가지 모드를 구별하여 표현하기 위해 TEM_{mn}과 같이 표기한다. 여기 m 또 n은 음이 아닌 정수이다. 이중에서 아주 단순한 것으로서 레이저 광의 세기 분포가 중심부에서 가장 크고, 중심부에서 멀어질수록 가우시안 확률분포 곡선처럼 감소되는 모드를 단일 횡모드 또는 단일 모드라고 한다. 가장 단순한 이 단일 모드는 TEM_{00}로 표시된다.

다음으로 마흐-젠더 간섭계에서 대표적으로 사용하는 단일 파장에서의 단일 모드 (TEM_{00} mode)의 광원을 좀더 자세히 살펴보자. 그림은 가우시안 (Gaussian) 빔 타입이 갖는 전형적인 빔의 단면을 보여주고 있다. 광섬유, 회절 격자, 홀로그래피 등에 광학 시스템용 광원으로 널리 사용되고 있다. 특히 홀로그래픽 디스플레이용 레이저 조명 (laser-based BLU) 특성은 레이저 광원에서 출력되는 빔 특성에 의해 크게 결정된다. 일반적으로 가우시안 세기 프로필 (Gaussian intensity profile)을 갖는 평행광을 레이저 조명빔으로 사용하고 있다. 가우시안 빔 (Gaussian beam)의 특성 크기 (beam size)의 정의는 $1/e^2$ 의 빔 직경 정의를 사용한다. 즉, $1/e^2$ 빔 직경은 프로필 세기가 빔 중심 위치에 있는 최대 세기의 13.5%로 낮춰진 지점으로 정의된다. $+z$ (축 상의 거리)을 따라 이동하는 가우시안 빔에서 빔 폭의 반경 (radius)에 대한 공간적인 특성은

$$w(z) = w_0 \sqrt{1 + \left(\frac{\lambda z}{\pi w_0{}^2}\right)^2}$$

으로 나타낼 수 있다. 여기서 w_0 는 빔 폭이 가장 작은 경우에 해당하는 것으로서 빔 허리 반경 (beam waist radius)라고 하며, 이 빔이 수렴되는 초점 위치($z=0$)에서 빔의 반경이다. 렌즈 등에 의해 수렴되는 가우시안 빔은 빔 허리를 갖는 상태로 수렴이 된 후, 수렴각과 동일한 발산각

$(\Theta \cong \dfrac{\lambda}{\pi w_0})$으로 점진적으로 퍼지면서 진행한다. 예를 들어, 500 nm 파장 및 빔 허리 반경이 1 mm일 경우에, 발산각은 0.16×10^{-3} rad이다.

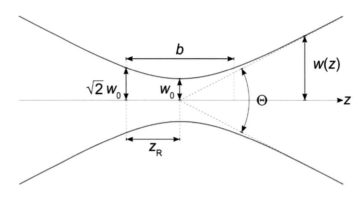

진행하는 축 방향으로의 가우시안 빔 세기의 단면 특성

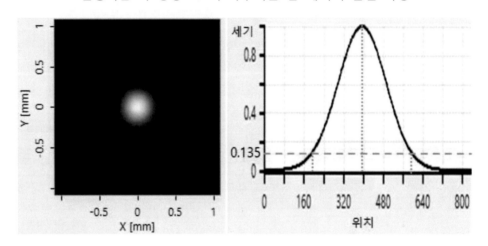

정면 (수직 단면)에서 바라 본 둥근 형태의 가우시안 단일모드 빔의 세기 특성

한편, 가우시안 빔으로부터 조명을 위한 면광원을 생성하기 위해서 가능한 한 균일한 빔 세기를 확보할 필요가 있다. 이 빔의 단면은 원형의 조리개 (iris)에 의해 적절한 크기로 조절되거나 잘라낼 수 있다. 조리개를 통해 통과된 빔 (truncated Gaussian beam)은 빔의 중심으로부터 공간적 빔 세기의 변화를 완만하게 해 줄 수 있으나, 빔 잘라내기 (Gaussian clipping) 정도에 비례하여 빔의 세기가 급격하게 감소되는 단점이 있다.

4. 빛의 간섭

동일한 광원에서 발생된 두 빛이 서로 다른 경로를 따라 진행한 후에 공간상의 특정한 위치 ($\vec{r}$)에서 합쳐지면 광파 간섭 (interference) 현상이 일어나게 된다. 예를 들어, 이 두 빛의 전기장 벡터를 각각 $\vec{E}_1 = \vec{E}_{01} \cos(\vec{k}_1 \cdot \vec{r} - \omega t + \phi_1)$ 과 $\vec{E}_2 = \vec{E}_{02} \cos(\vec{k}_2 \cdot \vec{r} - \omega t + \phi_2)$ 로 쓸 수 있으며, 두 빛이 합성 (또는 중첩)된 결과의 전체 전기장 ($\vec{E}$)은 $\vec{E} = \vec{E}_1 + \vec{E}_2$가 된다. 검출기 또는 사람의 눈에서 관측이 되는 빛의 밝기로서, 시간 평균된 복사 조도 (I : 단위 시간, 단위 면적당 빛 에너지, irradiance)는 전기장의 절대값의 제곱에 비례하며, 관계식은 $I = \varepsilon_0 c \langle \vec{E}^2 \rangle$ 이다. 따라서, 한 점 $\vec{r}$ 에서 중첩되는 두 빛에 의한 복사 조도는

$$I = \varepsilon_0 c \langle (\vec{E}_1 + \vec{E}_2) \cdot (\vec{E}_1 + \vec{E}_2) \rangle = \varepsilon_0 c \left(\langle \vec{E}_1{}^2 \rangle + \langle \vec{E}_2{}^2 \rangle + 2 \langle \vec{E}_1 \cdot \vec{E}_2 \rangle \right) = I_1 + I_2 + I_{12}$$

와 같이 주어진다. 여기서 $I_1 = \varepsilon_0 c \langle \vec{E}_1{}^2 \rangle$ 과 $I_2 = \varepsilon_0 c \langle \vec{E}_2{}^2 \rangle$ 는 각각의 빛에 대한 세기이며, $I_{12} = 2\varepsilon_0 c \langle \vec{E}_1 \cdot \vec{E}_2 \rangle = \varepsilon_0 c \vec{E}_{01} \cdot \vec{E}_{02} \cos[(\vec{k}_1 - \vec{k}_2) \cdot \vec{r} + (\phi_1 - \phi_2)]$ 는 두 빛에 의한 간섭항 (interference term)이다. 위상차 $\delta = (\vec{k}_1 - \vec{k}_2) \cdot \vec{r} + (\phi_1 - \phi_2)$ 에 따라서 두 광파의 중첩에 의한 총 복사 조도의 범위는 $I_1 + I_2 - 2\sqrt{I_1 I_2} \le I \le I_1 + I_2 + 2\sqrt{I_1 I_2}$ 이다. 만일 진폭 ($\vec{E}_{01} = \vec{E}_{02}$)이 같은 두 광파가 중첩이 될 경우에, $I_1 = I_2 = I_0$ 라고 하면, 간섭에 의한 빛의 세기는 $I = 4I_0 \cos^2 \frac{\delta}{2}$ 로 나타낼 수 있다. 진동수가 같고 상호간에 위상차가 일정한 두 빛을 이용함으로써 관찰되는 간섭은 합쳐진 복사 조도가 중첩되는 성분 광파들의 복사 조도를 더한 값과 차이가 생기는 현상임을 알 수 있다.

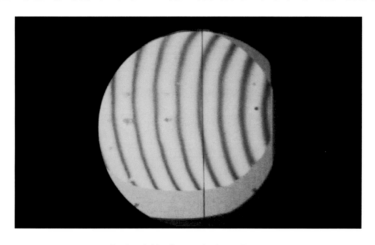

Sheer plate에서 관찰되는 간섭무늬 (fringe pattern)

여기서 특별히, 선편광된 두 개의 광파들이 각각 가간섭성을 가지더라도, 전기장 벡터가 서로 수직인 가간섭성 광파들 간에는 $\vec{E}_1 \cdot \vec{E}_2 = 0$ 이기 때문에 간섭 무늬가 전혀 생기지 않는 다는 점 (Fresnel-Arago 법칙)을 주의한다. 그리고, 간섭의 특징으로 빛의 에너지는 중첩된 각 점에서 보존되는 것이 아니고, 간섭 무늬의 공간 주기 안에서 에너지 평균 값은 보존된다. 위의 그림은 평행광으로 준비된 5인치 크기의 단일 빔 (파장: 532 nm)을 sheer plate를 통하여 중첩되도록 유도하여 발생시킨 간섭무늬 (fringe pattern)를 촬영한 사진이다.

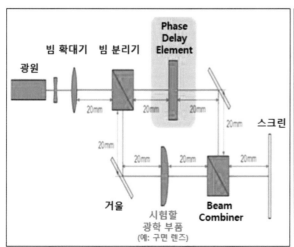

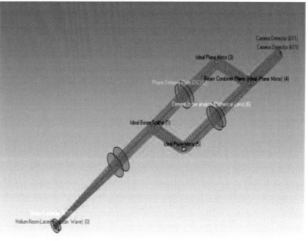

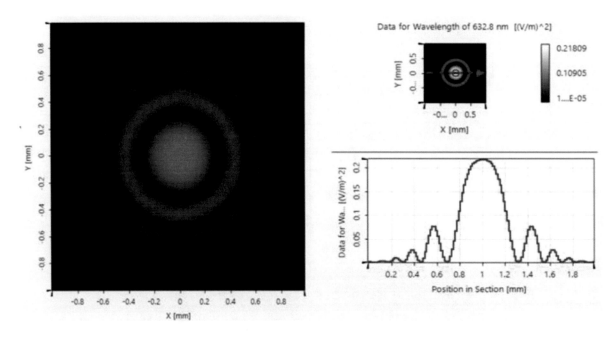

마흐 젠더-간섭계

다음으로, 마흐 젠더-간섭계 (Mach-Zender Interferometer)에서 일어나는 간섭의 예를 살펴보자. 마흐-젠더 간섭계는 투명한 매질의 두께나 굴절률 변화, 단일 광자를 사용하여 빛의 간섭 특성을 관찰하기 위해 개발된 간섭 장치이다. 위의 그림과 같이 이 간섭계는 두개의 거울 및 두 개의 빔들로 분할하는 부품 (beam splitter)으로 구성되어 있으며, 길이가 동일한 두 개의 광 경로를 제공하도록 배치된다. 위의 그림 (상)은 위상 지연 샘플 (균일한 두께 d를 갖는 투명 판)을 경로 2에 삽입한 후, 테스트할 볼록 구면 렌즈를 광축과 나란한 방향으로 경로 1에 삽입된 경우이다. 위의 그림 (하)는 두 경로를 각각 지나 온 각 가우시안 형태의 레이저 빔들이 중첩 (superposition)될 때 (즉, 위상 변화를 가진 빛 (경로 2를 지나는 빛)과 위상 변화가 없는 빛 (경로 1을 지나는 빛)이 다시 만나게 되면), 측정 위치에 있는 스크린 상에 나타나는 간섭 무늬의 세기를 보여준다. 경로 1에 삽입된 이 위상 지연 테스용 구면 렌즈의 각도를 미세하게 증가시키나, 또는 경로 2에 삽입된 투명판의 두께를 변화시키면, 간섭무늬의 세기가 관찰되는 스크린 상에서 아래 그림과 같이 동심원들의 형태로 세기가 변조되는 것을 관찰할 수 있다. 이 간섭계의 관측 위치에서 나타나는 이러한 간섭 무늬 (interference pattern)로부터 삽입된 매질의 두께, 굴절률의 변화 등을 측정할 수 있다. 최근에는 투명판의 두께 변화를 전기광학적으로 제어할 수 있는 대안으로서, AOM 장치를 활용하여 광학적으로 투명한 매질 층에서의 굴절률 변조 방법이 사용되고 있다.

5. 결맞음 길이 (coherence length)

앞에서 살펴 본 바와 같이, 두 개 이상의 빛이 동일한 지점에 중첩하게 되면, 빛의 세기가 밝거나 어둡게 되는 간섭 현상이 일어난다. 이러한 간섭은 빛이 두 경로를 통과하는 시간 차이가 벌어질수록 점점 사라진다. 간섭 현상을 유지시킬 수 있는 시간 차이를 결맞음 시간이라고 한다. 결맞음 길이는 빛의 진행 방향을 따라 다른 위치 점들에서 측정한 광파의 위상 상관 관계로서, 결맞음 시간 (coherence time)과 진공에서 빛의 속도(c)를 곱한 값으로 정의된다. 이 값이 클수록 주어진 빛을 만든 광원의 단색성이 얼마나 우수한 정도를 알려준다. 반치폭 (FWHM, full width at half maximum) $\Delta\nu$ Hz를 갖는 Lorentzian 스펙트럼의 빛에 대해서 결맞음 길이는 $L_c = \dfrac{c}{\Delta\nu} = \dfrac{\lambda^2}{\Delta\lambda}$ 로 주어진다. 한편 파면의 균일한 정도를 알려주는 물리량으로서 진행 방향에 수직인 다른 위치 점들에서 측정한 광파의 위상 상관 관계를 공간적인 결맞음 (spatial coherence)이라고 한다.

6. 빛의 회절 (diffraction)

빛의 회절 (diffraction)은 예를 들어 직진성을 갖는 빛이 도달하지 않을 것으로 예상되는 기하학적 어두운 영역에서도 빛이 존재하는 현상, 또는 장애물이나 실틈 (slit)을 만나는 유한한 범위에서 발하고 있는 빛이 전파되는 경로 위에서 벗어나는 굽힘 (bending) 효과 및 퍼짐 효과 등과 같이, 빛이 공간에 퍼져 나가는 과정에서 기하 광학에 의한 설명이 안되는 파동 현상이다. "회절"이라는 용어는 "여러 조각들로 쪼개지다"를 의미하는 라틴어 diffringere에서 유래되며, 에돌이라고도 불린다. 아래 그림은 평면 파면 (파장: 532 nm)이 정사각형 개구 (aperture, 폭: 100 um)를 통과하면서 점점 퍼져나가는 모습을 보여주는 시뮬레이션 결과이다. 개구를 바로 지난 영역에서 세기가 가장 강한 빔은 이 개구로부터 점점 멀어져 감에 따라 회절에 의한 퍼짐 현상과 더불어 세기의 강도가 점점 약해지고 있음을 확인할 수 있다.

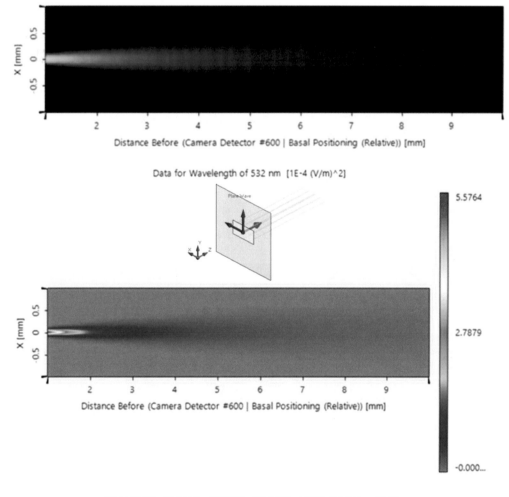

직사각형 개구를 통과한 레이저 빔이 만드는 회절

81

회절을 기반으로 하는 광학 요소들 중에서 회절 격자 (diffraction grating)는 이웃한 빛들 간의 간섭 (interference) 원리를 이용하여서 전파되는 장의 진폭 또는 위상을 변형시키는 주기적 격자 구조를 갖는다. 선형 패턴으로만 이루어진 선 격자 (linear gratings)의 경우가 가장 간단한 주기적인 회절 구조물의 예이다. 회절 격자를 구분하기 위한 방법으로서, 투과율 손실과 연계되어 진폭이 변조되는 진폭 격자, 위상 지연을 유도하는 위상 격자, 기판의 두께에서 주기적인 차이를 갖는 표면 요철형 (surface relief) 위상 격자, 그리고 주기적인 굴절률 변화로 생성되는 체적 브래그 격자 (VBG, volume Brag grating) 등으로 크게 나눌 수 있다.

7. 입체감 효과를 강하게 주는 영상 요소들

장면 또는 물체를 바라보는 관찰자에게 입체감을 제공해 주는 대표적인 두 요소들을 살펴보자. 먼저 아래 그림 (위)은 깊이가 다른 위치에 있는 두 무궁화 꽃들에 대하여 카메라의 초점을 각각 다르게 하여 촬영된 사진을 보여준다. 이와 같이 동일한 장면에 대하여 관찰자가 서로 다른 관심 대상들 (무궁화 꽃들)을 바라볼 때, 초점이 맺힌 한 물체는 선명하게 보이지만, 눈의 초점에서 벗어난, 관찰자의 관심 대상에서 멀어진 다른 물체는 흐리게 보이게 된다. 이것은 단안에 의한 초점 조절 (accommodation)이라고 한다.

깊이가 다른 위치에 있는 두 무궁화 꽃들에 대하여 다른 초점에서 촬영된 실사 모습 (위) 및 CGH에 의해 복원된 3D 영상에서 관측된 이미지 (하)

한편, 수평 방향을 따라 이동하면서 동일한 장면 또는 물체를 바라볼 때, 다른 시점에서 촬영된 아래 그림들과 같이, 이전 위치에서 보이는 장면과 조금씩 다른 형태로 보이게 된다. 이처럼 물체를 바라보는 관찰자의 이동에 의해 이미지 차이가 발생되는 것을 운동 시차 (motion parallax)라고 한다. 이 운동 시차는 관찰자에게 장면 또는 물체에 대하여 입체감 효과를 더해 주게 된다.

동일한 대상에 대하여 서로 다른 수평 시점들 (좌측, 정면, 그리고 우측)에서 바라 본 실사 모습 (위) 및 CGH에 의해 복원된 3D 영상에서 다른 두 수평 시점에서 관측된 이미지 (하)

2. Maya 툴을 활용한 다시점 컬러-깊이맵 셋 생성 매뉴얼

1. Maya 프로그램에서 프로젝트 설정하기

1) Render 메뉴 활성화

MAYA 2017부터 레이어별로 렌더링을 하는 메뉴가 사라졌기 때문에 프로젝트 셋팅에서 이를

활성화 시켜주어야 한다.

    📖 상단 메뉴 바에서 Windows -> Setting/Preferences -> Preferences 로 이동한다.

    📖 Prefrences에서 Categories의 Settings -> Rendering으로 이동한다.

    📖 Rendering에서 Preferred Renderer를 Maya Software, Preferred Render Setup

System을 Legacy Render Layers로 변경한다.

    📖 하단의 Save 버튼 클릭 후 마야 소프트웨어 재시작한다.

[변경 전]   [변경 후]

    📖 위와 같이 Layer Editor에 Render 메뉴가 생긴 것을 확인 할 수 있다.

2. 객체 (object)에 대한 모델링

1) 오브젝트 선택

🖱 Modeling으로 전환 후, 생성하고자 하는 오브젝트를 클릭한다.

2) 오브젝트 배치

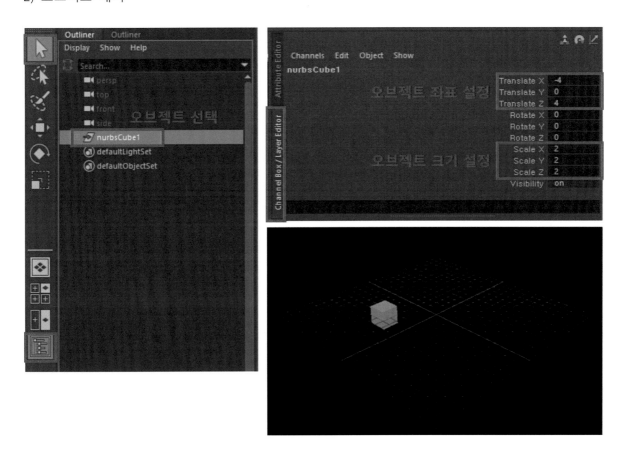

🖱 오브젝트를 선택한 후, 오른쪽 바의 Channel Box/Layer Editor에서 오브젝트의

좌표와 크기를 설정한다.

3) Material 설정

① 오브젝트 선택 후
오른쪽 버튼 클릭

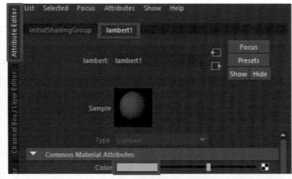

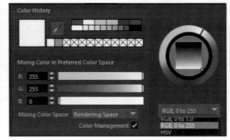

③ 색 변경을 위해서 Color 선택

④ RGB 로 변경 후 원하는 색 선택

📖 오브젝트를 선택한 후, 오른쪽 버튼을 길게 눌러 Material Attributes 선택한다.

📖 오른쪽 바의 Attribute Editor -> lamber1 -> Common Material Attributes의 Color 선택한다.

📖 Color 정보를 HSV에서 RGB로 선택 및 0 to 255로 변경 후 원하는 색을 선택한다.

3. 가상 카메라용 애니메이션 설정

1) 경로 도형 설정

📖 가상 카메라를 위한 경로로 사용할 원 도형을 선택한다.

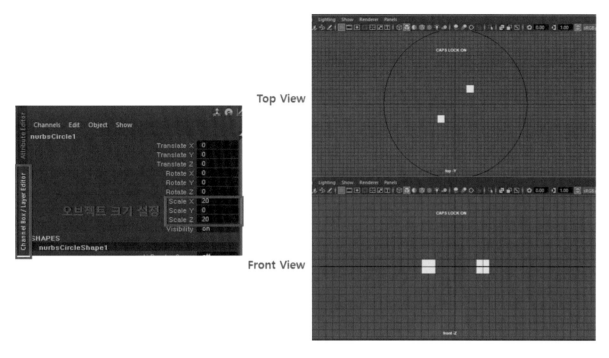

오른쪽 메뉴 바의 Channel Box/Layer Editor에서 경로 원의 크기를 20으로 설정 (카메라 궤도 반경: 20)한다.

2) 카메라 및 빛 생성

Create -> Cameras -> Camera를 선택하여 카메라 생성한다.

Create -> Lights -> Ambient Light를 선택하여 빛 생성한다.

생성한 카메라와 빛은 경로 도형을 따라 이동하도록 한다.

3) 카메라 애니메이션 설정

②Animation으로 변경

①경로, 카메라, 빛 선택

🖱 경로를 설정할 오브젝트를 선택 (경로 원, 카메라, 빛)한다.

🖱 상단 바에서 Animation으로 변경한다.

🖱 상단 메뉴 바에서 Constrain -> Motion Paths -> Attach to Motion Path 클릭한다.

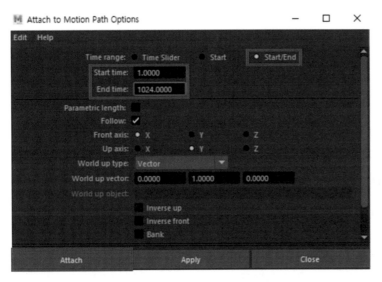

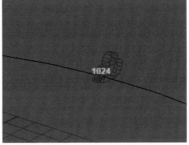

🖱 Time range는 Start/End로 설정한다.

🖱 가상 카메라는 약 0.35° 단위로 카메라 셔터가 한 번씩 열리면서 궤도 위에서 한 바퀴 돌게 되도록 설정하자. 즉 360°에 대하여 총 1,024장의 세트가 생성되기 때문에 Start time은 1로 설정하고, End time은 1,024로 설정한다.

🖱 Attach 버튼을 눌러서 애니메이션 적용한다.

🖱 경로가 설정되면, 카메라와 빛은 경로 위로 이동하게 된다. 여기서 카메라 모양 위에 표시된 1,024는 획득되는 이미지의 총 수를 의미한다.

4) Time Slider 변경

🖱 Windows -> Settings/Preferences -> Preferences를 클릭한다.

🖱 Preferences에서 Categories -> Settings -> Time Slider를 클릭한다.

🖱 Time Slider의 Playback start/end와 Animation start/end를 1과 1024로 변경한다.

5) 카메라 시점에서 확인하기

🖱 카메라 시점으로 전환하려면, Panels -> Perspective -> 원하는 시점의 카메라를

선택한다.

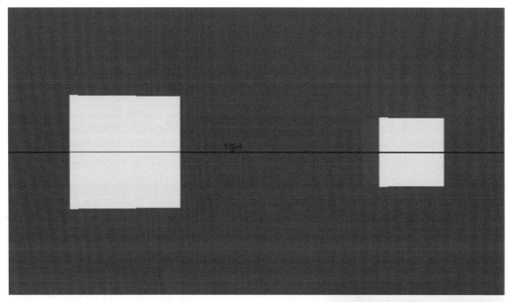

☞ 하단의 Play 버튼을 이용하면, 애니메이션 작동을 확인 할 수 있다.

4. 깊이맵 (Depth map)을 위한 레이어 생성

1) 마스터 레이어 복사

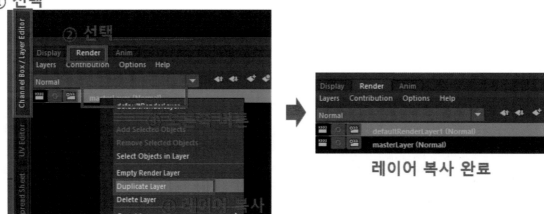

☞ 오른쪽 메뉴의 Channel Box/Layout Editor에서 Render를 선택한다.

☞ masterLayer 선택하고, 오른쪽 버튼 클릭 후, Duplicate Layer로 레이어를 복사한다.

2) 깊이 맵 레이어 설정

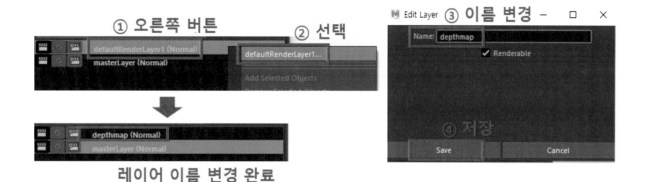

레이어 이름 변경 완료

📖 다른 레이어와 구분하기 위하여 깊이 맵으로 설정할 레이어를 선택한 후, 오른쪽 버튼을 클릭하여 레이어의 이름을 변경한다.

📖 Depth로 설정할 레이어를 오른쪽 버튼으로 선택/클릭한 후, Attributes로 이동한다.

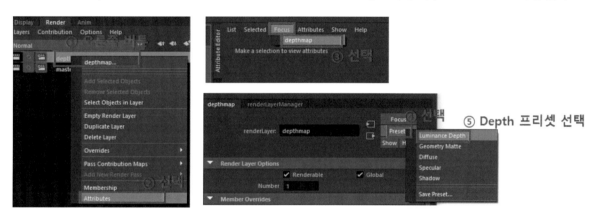

📖 Focus의 '레이어 이름'을 클릭한다.

📖 Preset -> Luminance Depth를 클릭한다.

3) 오브젝트 거리 측정

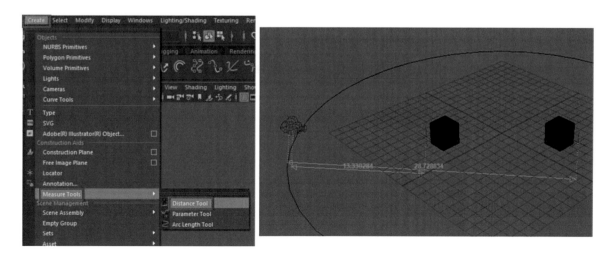

☝ 올바른 Depth 값을 추출해 내려면, 카메라와 오브젝트 간 거리 측정이 필요하다.

☝ Create -> Measure Tools -> Distance Tool을 사용하여 오브젝트와 카메라의 최소 거리와 최대 거리를 측정한다. 여기서 측정한 거리가 Depth 범위의 최소 및 최대 값이 된다.

4) Depth 최소/최대 범위 설정

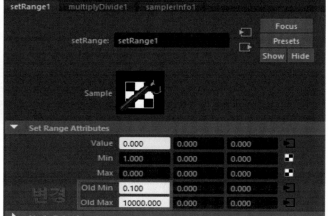

☝ 올바른 Depth 측정을 위하여 최소/최대 거리를 설정하기 위하여 Depth map 레이어의 오른쪽 버튼을 클릭하여 Attributes로 이동한다.

☝ Focus -> SetRange를 선택한다.

☝ Old Min은 최소 거리, Old Max는 최대 거리를 의미하며, 이 값을 변경해주면 올바른 Depth 값을 측정할 수 있다.

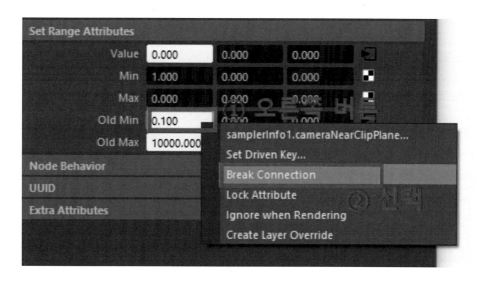

🖱 변경하고자 하는 변수의 위치에서 오른쪽 버튼을 클릭한 후, Break Connection을 선택하면 그 값을 변경 할 수 있다.

🖱 Old Min과 Old Max의 범위에서 Depth 값은 0~1사이로 반환된다 (Old Min의 값보다 짧은 거리일 경우에 Depth 값은 0으로 측정되며, Old Max 보다 긴 거리 일 경우에 Depth 값은 1로 측정됨. 여기서 Depth 값 0~1은 Gray 0~255의 이미지로 표시된다.).

5. 렌더링을 위한 세팅

1) Render Settings 설정

🖱 Render -> Render Settings로 이동한다.

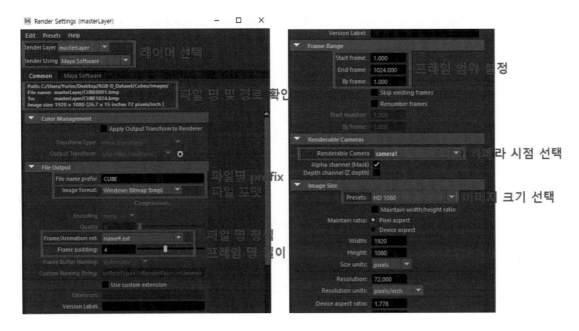

☝ Render Settings에서 위와 같은 환경으로 설정한다.

☝ 폴더를 변경할 경우, Project 디렉토리를 위 그림의 방법을 이용하여 변경한다.

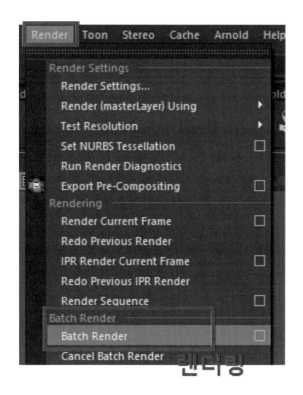

🖰 Render -> Batch Render 버튼을 눌러 렌더링을 시작한다.

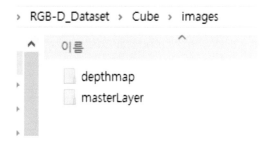

🖰 렌더링이 끝나게 되면, 해당 프로젝트 폴더 -> images 폴더 안에는 depthmap 폴더와

masterLayer 폴더가 각각 생성되어 있다.

🖰 depthmap 폴더 안에는 depthmap 이미지가 저장되어 있으며, masterLayer 폴더 안에

RGB 컬러 이미지가 저장되어 있다.

3. 회절 격자 (diffraction grating)의 이해

1. 회절 격자의 기본 구조

일반적으로 투과형 회절 격자 (diffraction grating)는 주기적인 실틈 (slit) 또는 구멍이나 파인 홈의 배열 구조를 갖는 판 또는 주기적인 굴절률 변화를 갖는 매질 층으로 만들어진다. 아래 그림은 주기가 P인 실틈형 회절 격자의 구조를 보여주는 예이다. 격자 판의 법선 (아래 그림에서 점선)에 대하여 입사각과 투과각은 각각 θ_1과 θ_2로 주어질 때, 격자 판 하부에 있는 매질의 굴절률과 격자 판 상부에 있는 매질의 굴절률이 각각 n_1과 n_2인 경우를 고려하자. 우측 광의 경로와 좌측 광의 경로 간의 차이는 $n_2 P \sin\theta_2 - n_1 P \sin\theta_1$가 된다. 이 격자 구조를 통과한 광의 회절 조건은 광 경로차 (optical path difference) 값이 파장의 정수배가 된다. 즉, m차 회절 광의 조건은

$$n_2 P \sin\theta_2 - n_1 P \sin\theta_1 = m\lambda$$

으로 주어진다. 여기서 m은 정수이다.

따라서, 이 식에 의해서 주어지는 $n_2 \sin\theta_2 = n_1 \sin\theta_1 + m\dfrac{\lambda}{P}$ 관계식을 회절 격자의 회절 방정식 (diffraction equation)이라고 한다.

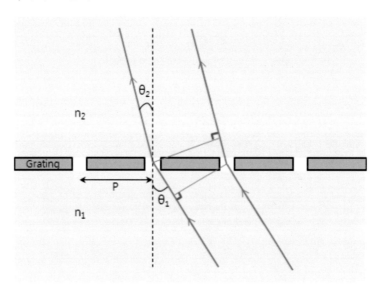

주기적인 실틈 배열에 의한 투과형 회절격자의 모식도

아래 그림은 두께 d의 내부에서 규칙적인 굴절률 변화를 갖는 투과형 회절 격자의 예를 보여주고 있다. 주기가 P인 격자의 면에 대하여 조사되는 광의 입사각 (θ_1)과 투과각 (θ_2)의 관계는 반사의 법칙에 의해 $\theta_1 = \theta_2 = \theta$로 주어진다. 이 격자 층의 굴절률을 n이라고 하면, 이 격자 층 하부 매질의 굴절률과 이 격자 층 상부 매질의 굴절률은 일반적으로 각각 n_1과 n_2로 다르게 주어진다. 특히 $n_1 = n_2 = n$인 경우, 이 투과형 회절 격자를 통과하는 투과광의 진행 방향 (θ_2)은

96

Bragg grating 회절 조건인 $\sin\theta = \dfrac{\lambda}{2P}$ 으로부터 알 수 있다. 여기서 따라서 투과형 회절격자에서 투과광의 방향은 입사각, 격자 배열 층의 방향 조절, grating의 격자 주기 등을 고려하여 grating을 설계함으로써 원하는 방향으로 제어가 가능하다. 나아가 10 um 정도의 충분한 두께 (d)를 갖는 굴절률 변화에 의한 투과형 grating은 투과되는 광의 회절 효율 (diffraction efficiency)이 매우 우수하며, 높은 각도 선택성 (high angular selectivity) 즉 small angular divergence을 제공한다. 그러므로, 본 발명에서 최적의 회절 효율 (diffraction efficiency) – 즉, 고 투과 효율 - 및 우수한 각도 선택성 (high angular selectivity)을 출력 광에 제공할 수 있는 주기적인 굴절률 변화에 의한 투과형 grating을 사용하도록 설계된다.

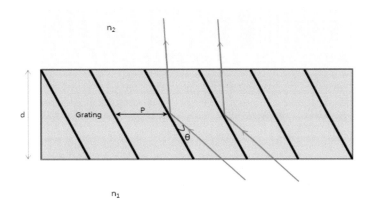

주기적인 굴절률 변화에 의한 투과형 grating의 geometry

참고로, 표면 요철에 의한 광 격자 (surface-relief typed grating)는 최근에 투과형 증강현실 (AR, augmented Reality) 단말기에서 광경로 제어 및 빔 가이드 용으로 적용되고 있다. 이런 형태의 부품은 HMD (Head-Mounted Display) 또는 근접안 (near-eye) 타입의 AR 단말·Smart Glass 기기에서 두께 및 무게를 줄이는 데에 매우 중요한 요소로서 기여를 하고 있다.

SONY에서 개발된 투과형 AR Glass 단말기(좌). Microsoft에서 제작된 Hololens I 제품에서 투과형 광 격자를 보여주는 사진 (우).

2. 회절 (diffraction) 현상의 대표적인 예시들

다음으로 우리는 Fraunhofer 회절 (원거리에서 패턴 복원)과 Fresnel 회절 (근거리에서 패턴 복원)의 특성과 차이점을 살펴본다.

가. Fraunhofer Diffraction

Fraunhofer diffraction은 파원 또는 관측 점이 파동을 회절 하게 하는 광 부품(렌즈 등)으로부터 무한히 멀리 떨어져 있을 때, 일어나는 회절 현상이다. 아래의 그림은 사각형 구멍 (aperture)의 폭이 각각 5 um 및 50 um일 경우에, 각각 시뮬레이션한 결과를 보여준다.

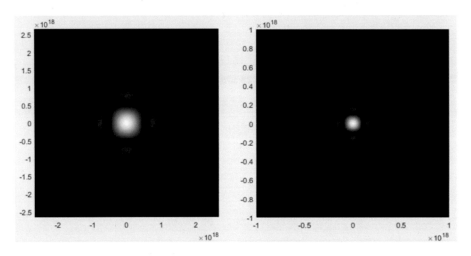

폭이 5 um 및 50 um인 정사각형 구멍에 의해 생겨나는 회절 모습 (Fraunhofer 회절)

Aperture의 크기가 크면 클수록 회절이 덜 일어나서 무늬의 간격이 더 좁음을 확인 할 수 있다.

나. Fresnel Diffraction

Fresnel Diffraction: Fraunhofer와 반대로 개구의 위치로부터 가까운 거리에서 나타나는 회절 현상이다. 아래의 시뮬레이션 결과는 직사각형 개구의 크기 (aperture size: 5 um)는 그대로 두고, 이 개구로부터 떨어져 있는 관측용 스크린 면의 위치 (z)를 점점 증가하는 순서에서 관찰한 회절 패턴을 보여 준다.

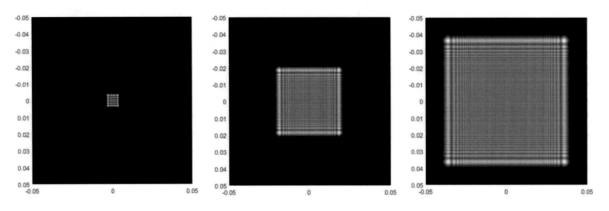

폭이 5 um인 정사각형 구멍에 의해 생겨나는 회절 모습 (Fresnel 회절)

주어진 개구로부터 떨어져 있는 거리가 더 멀어질수록 더욱 퍼지는 현상이 일어남을 알 수 있다.

다. 주기적인 grating에 의한 회절

코사인 함수 형태의 밝기가 (x축 방향을 따라) 주기적으로 변하는 격자 패턴에서 RGB 3원색의 광을 투과시키는 것을 살펴보자. 이 격자의 수식은 다음과 같다.

$$u1 = \frac{1}{2}(1 - \cos(\frac{2\pi X_1}{P}))rect(\frac{X_1}{D_1})rect(\frac{Y_1}{D_1})$$

아래의 그림은 주기적인 grating에 RGB 3원색의 빔이 정면으로 입사될 때, 투과된 광이

경우에, Fraunhofer diffraction되는 모습을 RGB 파장별로 각각 시뮬레이션한 결과를 보여준다.

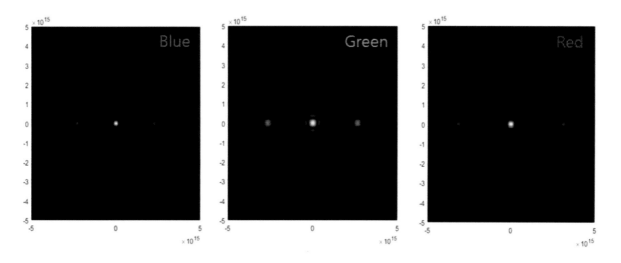

주기적인 grating에 의해 RGB 3원색이 회절된 모습

청색, 녹색, 적색 빔 순서로 0차 회절 광 (DC 성분)과 1차 회절된 광 사이의 간격이 멀어지는 것을 확인 할 수 있다. 회절된 빔의 세기 (intensity)를 x 축 방향 (1-Dimension)에서 관찰을 하면, 아래 그래프와 같이 전형적인 색분산 특성을 갖는 회절 빔들의 세기 분포가 나타난다.

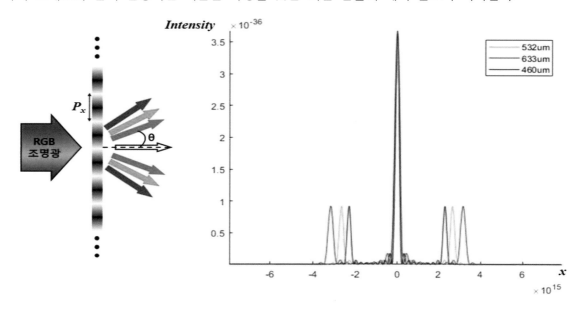

4. Holographic Volume Bragg Grating의 소개

1. 홀로그래픽 광학 요소 (HOE)의 개념

아래에서 보여주는 두 그림들은 반사형 및 투과형 비-광축성 (off-axis) 홀로그래픽 광학 요소 (HOE, holographic optical element)를 통한 수렴성 렌즈들의 제작 및 재현을 나타내는 개념도들이다. 각 그림에서 좌측은 두 개의 기록용 빔들을 이용하여 간섭에 의한 HOE를 기록하는 과정을 나타내는 모식도이다.

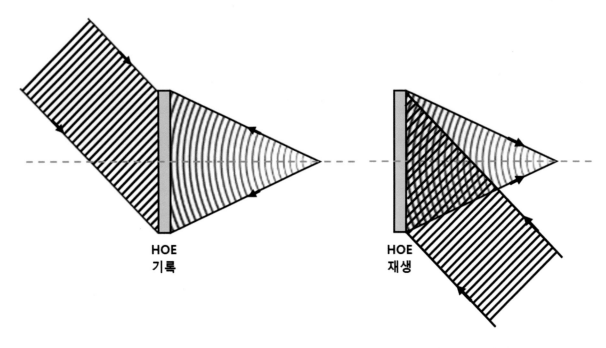

반사형 수렴렌즈 HOE를 생성하기 위한 조사 빔들에 의한 노광 (좌) 및 제작된 수렴렌즈

HOE에서 재생 (우)

여기서 두 빔 중에서 한 빔은 한 개의 점 광원에서 발산하는 물체 빔 (object beam)으로서 진행하면서 구형 파면 (spherical wavefront)을 갖는다. 그리고, 다른 빔은 평행하게 진행하는 조회 빔 (reference beam)으로서 평면 파면 (planar wavefront)을 갖는다. 노광 (exposure) 및 후처리 (processing) 단계가 완료되면, 원래의 조회 빔에 대응되는 켤레 빔 (conjugate beam)을 각 그림에서 우측과 같이 HOE에 재생 빔을 조사함으로써, 기록된 점 광원 영상을 재생할 수 있다. HOE는 일종의 홀로그램 (hologram)으로 간주될 수 있다. 이는 빔들의 간섭 (interference)에 의해 생성된 프린지 패턴 (fringe pattern)을 이용하여 만들어 지기 때문이다. 여기서 간섭은 가간섭성을 갖는 (coherent) 단색 광 (monochromatic light)의 두 빔들을 공간 상에서 서로 겹침 (superposition)으로써 일어난다. 위 그림 또는 아래의 그림에서와 같이 HOE 기록 매질 면에서 간섭 패턴을 기록하게 된다.

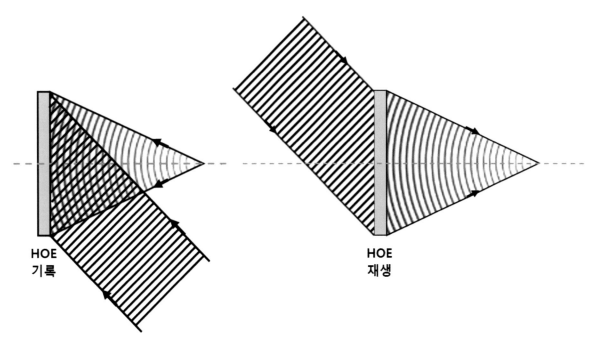

투과형 수렴렌즈 HOE를 생성하기 위한 조사 빔들에 의한 노광 (좌) 및 제작된 수렴렌즈

HOE에서 재생 (우)

2. 홀로그래픽 광학 요소 (HOE)의 제작 (fabrication)

반사형 HOE의 기록은 기록 매질을 기준으로 해서 입사되는 빔들이 HOE 기록면에 대해 동일한 쪽에 있을 경우이며, 투과형 HOE는 입사되는 빔들이 HOE 기록면에 대해 서로 반대 쪽에 있을 경우에 해당된다. 파장 다중화용 HOE 제작 방법의 기본 원리는 각 HOE은 독특한 파장에 회절되도록 설계하고, 그외의 파장에 대해서 반응을 하지 않도록 설계한다. 이를 위해 개별 HOE를 샌드위치 형태로 서로 겹치는 방식 (필름 재료비 증가)이 있다. 둘째, 한 장의 필름에 다중 노출을 통하여 다중 홀로그램을 제작하는 방식 (회절 효율 감소)도 있다. 또한, 하나의 기판 위에서 분리된 개별 표면에 각 HOE를 붙이는 방식 (공간 활용 효율이 떨어짐)도 있다. 아래 그림은 두 종의 HOE들을 사용하여 샌드위치로 결합된 파장 다중화 (wavelength multiplexing)의 개념도를 보여준다. 동일한 입사각에 대해서 단파장용 (예: 355 nm)의 반사형 HOE와 장파장용 (예: 1,064 nm)의 투과형 HOE를 각각 제작한 후에 일체형으로 결합함으로써 파장 다중화가 구현된다.

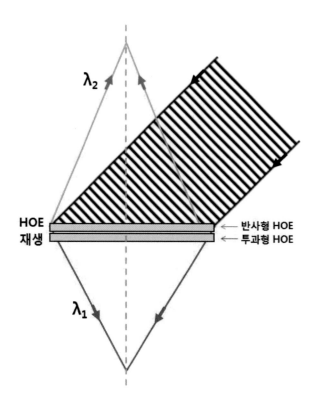

두 종의 HOE들이 샌드위치로 결합된 파장 다중화의 개념도

한편, 아래 그림은 다른 세 파장들의 광이 회전축 위에서 서로 분리된 위치들에서 각 초점들이 맺히도록 하기 위해 설계된 투과형 HOE의 예 및 초점들이 초점 면 위에 비축 방향으로 각각 배열되도록 설계된 투과형 HOE의 예를 각각 보여준다 (또한 반사형 HOE에서도 파장 다중화가 가능하다.).

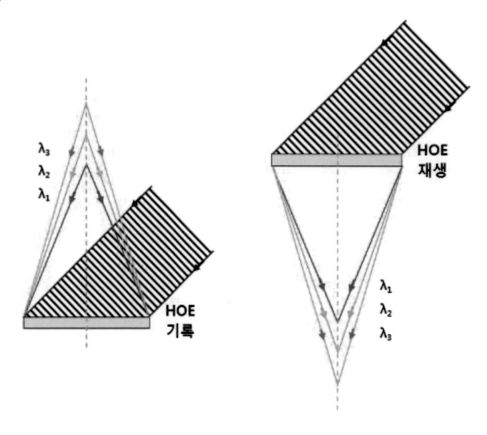

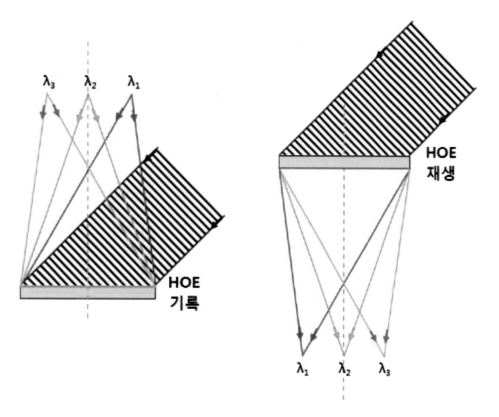

파장 다중화의 예들. 초점들이 대칭 축 상에 모두 있는 경우 (위)의 투과형 HOE 및 초점들이 동일한 수직 거리에 있는 한 면에 놓이는 경우 (아래)의 투과형 HOE.

나아가, HOE의 각도 다중화 (angular multiplexing) 특성으로서 동일한 파장을 사용하나, 제작된 HOE에 재생 빔의 특정 입사각에 따라 초점 위치가 다른 곳에 맺히도록 설계할 수 있다. 양산화 관점에서 HOE 다중화를 위한 요소들은 각각 master 홀로그램용으로 준비되면, 아래 그림과 같이 마스터-카피 조합 위에 기록용 레이저 빔을 이동형 거울을 통하여 스캔하면서 대면적의 기록 매질의 전체 면적을 노광시킴으로써 대량으로 HOE를 복제할 수 있다.

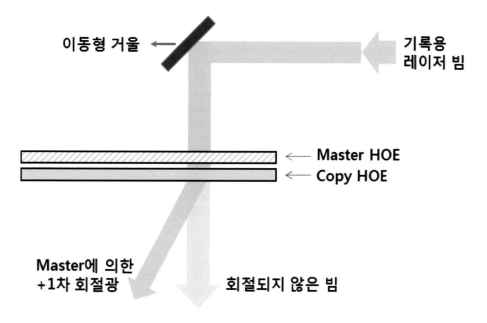

마스터 HOE로부터 HOE의 복제 과정 개념도

3. 회절 효율 측정

HOE의 회절 효율은 1차 회절 (first order diffraction) 광의 에너지와 HOE에 입사하는 총 에너지를 측정함으로서 얻어진다. HOE에 입사되는 또는 회절되는 빛을 측정하기 위해서 각 빛을 모을 수 있는 렌즈를 사용하여 초점이 맺히는 위치에서 파워 미터로 측정하여 얻어진다. 또한 이 방법에서는 회절되지 않고 투과된 광 (zeroth order transmission)의 세기를 측정한다. 회절된 광의 세기 측정치를 입사광의 세기 측정치로 나누게 되면, 1차 회절 광의 효율을 계산할 수 있다. 일반적으로 영차 광과 1차 광의 효율 합은 100%로 되지 않는다. 그 이유는 일부의 빛이 산란·흡수·반사되거나 다른 차수의 광들이 투과됨으로 인해 에너지 손실이 일어나기 때문이다.

평면 파면으로 준비된 참조 빔 및 신호 빔 간의 간섭을 기록한 투과형 및 반사형 격자 샘플들은 각각 브래그 조건을 만족하는 각을 중심으로 한 좌우 방향으로 회전하면서 회절 효율을 측정하게 된다. 투과 빔의 세기 (I_t)와 +1 차 회절 빔의 세기 (I_{+1})는 회전 각도 (측정 각도 간격 예: 0.05°)에 대해 검출기로 각각 측정된다. 회절 효율 (η)는 다음의 관계 식을 통해 회전 각도에 대해 계산할 수 있다:

$$\eta_K = 10^2 \times \left(\frac{I_{+1}}{I_t + I_{+1}} \right).$$

이 식을 사용하여 측정하는 방법을 Kogelnik 회절 효율 측정법이라고 한다.

HOE의 초점에 맺힌 점 (spot) 크기는 초점 면에서 설치된 CCD 카메라로 측정된다. CCD를 통한 이 점의 이미지는 측정기에 나타난 총 에너지 대비 에너지 분포 (energy profile)를 등고선 형태로 표시 (contour plot)될 수 있다. 이 초점은 보통 약간의 수차 (astigmatism) 현상을 보인다. 홀로그램으로부터 이미지의 복원을 위해 사용되는 조명 빔은 진폭 홀로그램 (amplitude hologram)에서는 진폭의 감소(attenuation of amplitude)에 의해 변조되나, 위상 대조 홀로그램 (phase contrast hologram)에서는 파면 지연 (retardation of wave front)에 의해 변조된다. 후자의 경우는 홀로그램의 회절 효율을 상당히 증가시킨다. 파면 지연은 감광 층 내부에서 굴절률의 변화 또는 감광층의 두께 변화에 의해 생긴다.

종래의 홀로그램 기록은 굴절률 변화 프로파일 (할로겐화은 (silver halide), 중크롬산 젤라틴 (dichromated gelatin), 포토폴리머 (photopolymer) 등과 같은 감광 유제 (emulsion)를 사용하는 체적 홀로그램) 또는 표면 릴리프 프로파일 (photoresist)과 같이 주어진 간섭 패턴을 기록하기 위해 아날로그 처리 과정을 사용하는 것이다. 간섭 패턴은 물체 빔 (object beam)과 조회 빔 (reference beam)에 의해 생성된다. 두 빔은 모두 가간섭성 (coherence) 및 동일한 광원 특성을 갖는 것이 바람직하다. 물체 빔을 생성하기 위한 물체는 실제 물체 또는 디스플레이되는 이미지, 홀로그램에 의해 재생된 영상일 수도 있다.

홀로그램의 재생은 홀로그램 기록 단계에서 사용된 조회 빔과 동일한 특성을 갖는 빔을 사용하여 홀로그램을 조명함으로서 수행된다. 조명된 빔과 기록된 홀로그램이 가진 간섭 패턴과의 상호 작용의 결과로서, 즉 Bragg 회절 효과에 의해서 물체의 파면을 생성한다. 홀로그램은 기록 과정에서 사용된 빛과 다른 색상 및 또는 다른 조명 각도로 비출 수 있는데, 조명용 광의 파장 및 각도의 대역폭 간의 조합이 홀로그램의 Bragg 회절 조건을 만족한다면, 여전히 재구성된 물체를 생성할 수 있다. 데니스 가보 (Denis Gabor)는 1948년에 홀로그래픽 기록 및 재생 원리를 발명하여 노벨상을 수상했다. on-axis Fresnel 홀로그램과 같이 축상 기준파를 사용한 그의 기록 방법은 여러 차수들이 중첩된 축상 홀로그램을 생성했다. 이 기법은 위상 물체와 같은 (반)투명한 물체에만 적용되었다. 그 후에 Emmett Leith와 Juris Upatnieks는 0차뿐만 아니라 서로 다른 회절 차수를 공간적으로 분리할 수 있는 off-axis 홀로그램 기록 방법을 제안했는데, 오늘날 대부분 홀로그램은 이 방법으로 기록되고 있다.

얇은 홀로그램 및 두꺼운 홀로그램의 개념은 홀로그램 기록용 감광 유제의 물리적인 두께와 관련이 있다. 두꺼운 홀로그램은 완전한 Bragg 선택성 (각도 및 파장)을 지원할 수 있다. 이에 비해, 얇은 홀로그램은 표면 양각 (surface relief)형 회절 요소처럼 효과를 나타내며, 따라서 다중 회절 차수들을 생성하기 때문에 적절한 반사 코팅막이 없는 반사 모드로 활용될 수 없다. 표면 양각형 회절 요소와 같이 작용할 것이다. 홀로그램의 품질 인자 Q는 다음과 같이 표현된다.

$$Q = \frac{2\pi\lambda d}{n\Delta^2 \cos\alpha}$$

$Q \leq 1$일 경우에 얇은 홀로그램에 해당되고, $Q \geq 10$일 경우에 두꺼운 홀로그램에 해당된다.

4. 투과형 두꺼운 홀로그램과 반사 형 두꺼운 홀로그램

얇은 홀로그램은 Raman-Nath 영역에서 작동되나, 두꺼운 홀로그램은 Bragg 영역에서 작동된다.

반사 홀로그램 또는 투과 홀로그램에서 파장 및 각도 대역폭은 Kogelnik의 결합된 파동 이론으로 모델링 할 수 있다. Kogelnik 이론은 원하는 회절 효율을 얻기 위해 기록 조건으로서 홀로그램 두께와 굴절률 변조 (Δn)를 어떻게 해야 하는지를 사전에 설정하는데 사용된다. 반사형 홀로그램은 투과형 홀로그램처럼 가시광선 영역에서 투명 할 수도 있다. 투명한 반사형 홀로그램은 HUD 또는 HMD용 결합 요소를 구현하기에 적합하다. 할로겐화은, 중크롬산 젤라틴 (DCG), 또는 포토폴리머는 투과형 홀로그램 또는 반사형 홀로그램으로 기록 될 수 있다.

홀로그래피에서 간섭

물체 빔 (O, object beam)과 조회 빔(R, reference beam)이 동일한 광원에 의해 생성 된다고 가정하면, 두 빔의 복소 진폭은 각각 다음과 같이 나타낼 수 있다.

$$O(x, y, z) = A_o e^{\phi(x,y,z)}, \ R(x, y, z) = A_R e^{\psi(x,y,z)}$$

따라서 두 빔들 사이의 간섭 (interference)으로 인해 발생하는 세기 패턴 (intensity pattern)은 다음과 같이 표현 될 수 있다.

$$I = |O + R|^2 = |O|^2 + OR^* + RO^* + |R|^2$$

투과도 함수 (transmittance variation, T)는 기록 과정에서 노출 강도와 재료의 반응 특성에 따라

의존하게 된다. 이 특성 파라미터를 β 라고 하면, 홀로그램 즉 결과적인 투과 진폭 함수 (transmittance function)는 다음과 같이 쓸 수 있다.

$$T = \beta I = \beta \left[|O|^2 + OR^* + RO^* + |R|^2 \right]$$

이 투과 진폭 함수는 사용하는 홀로그램 유제에서 굴절률 변조 또는 포토레지스터 층에서 표면 양각 변조와 직접 관련이 있다.

이제 조회 빔 (R)과 동일한 빔을 이 투과도 패턴을 출력하는 빔 (illuminated beam)으로 사용할 경우에, 재구성된 파면은

$$E(x, y)_{out} = RT = \beta R \left[|O|^2 + OR^* + RO^* + |R|^2 \right]$$

또는

$$E(x, y)_{out} = \beta \left[|O|^2 R + O|R|^2 + R^2 O^* + R|R|^2 \right]$$

이 된다. 우변에 있는 각 항은 다음과 같이 분석된다. $E(x, y)_S = \beta |O|^2 R$ 는 산란에 의한 잡음 항 (inter-modulated, halo noise), $E(x, y)_{+1} = \beta O |R|^2$ 는 복원된 가상 물체 (virtual orthoscopic, reconstructed image)의 빔 (+1차 회절), $E(x, y)_{-1} = \beta R^2 O^*$ 는 켤레 항 (real pseudoscopic, conjugated image)에 해당되는 빔 (-1차 회절), 그리고 $E(x, y)_0 = \beta R |R|^2$ 는 단순히 투과된 빔 (0 차)이다. 조회 빔과 동일한 형태의 빔을 이 투과도 패턴을 출력시키는 빔으로 조명하게 되면, 복 원된 가상 물체 이미지는 기록단계에서 사용된 물체의 위치에 정확히 포개진다. 수도스코픽 이미 지, 즉 실상 이미지 (real image)는 오르소스코픽 이미지와 진폭은 동일하지만, 위상은 부호가 서 로 반대, 즉 $-\phi(x, y, z)$ 이다. 이것은 복원된 가상 물체 이미지 (virtual image)의 앞쪽면에 대하여 수도스코픽 이미지에서는 뒤쪽면으로 관찰자에게 보이는 것을 의미한다.

아래 그림은 앞에서 설명한 각 항들이 분리되도록 비축 투과형 홀로그램 (transmissive off-axis hologram)의 기록 및 재생의 예를 보여준다. 물체빔과 비축-조회빔을 이용하여 투과형 홀로그램 을 제작한 후, 이 홀로그램에 비축-재생빔을 조사하면, 홀로그래픽 이미지를 복원하게 된다. 이때, 기록 과정에서 비축-조회빔의 입사각 (θ)이 충분히 큰 경우, 재생 과정에서 복원되는 가상 물체 이미지를 실상 물체 이미지 및 0차 빔으로부터 분리시킬 수 있기 때문에, 1차 재생 이미지를 바라 보는 사용자에게 실상에 해당되는 쌍둥이 이미지 (twin image)는 관찰되지 않는다.

106

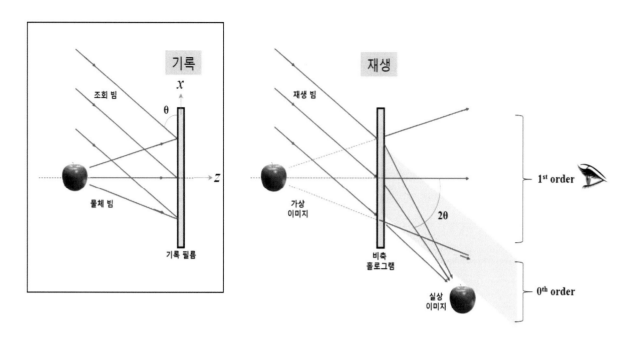

비축 투과형 홀로그램의 기록 및 재생: 물체빔과 비축-조회빔을 이용한 홀로그래픽 기록 과정
(좌) 및 비축-재생빔에 의한 홀로그래픽 재생 과정 (우).

아래 그림은 투과형 단색 (기록 파장: 532 nm) 홀로그램 기록 방식으로 주어진 국보들 중의 하나인 금동용봉향로의 형상 정보를 기록한 후, 이 홀로그램에 대하여 뒷면에서 관찰자를 향하여 투사된 재생용 조명 하에서 촬영한 사진이다. 이것은 백제 시대의 유물인 금동용봉향로 형상이 현대의 홀로그램 기술에 의해서 기록 및 복원되는 예이다. 가로 x 세로 크기가 600 mm x 800 mm 인 이 대형 홀로그램은 실버할라이드 매질로 기록되었으며, 재생 형상은 관찰자 위치의 반대 공간, 즉 음의 깊이 (최대 깊이: -500 mm)에서 표현된다.

투과형 홀로그램으로부터 재생된 금동용봉향로의 이미지.

축상 홀로그래피 (on-axis holography)의 예

우리는 점 광원과 같은 역할을 하는 물체점 (point object)이 홀로그램 기록 매질에서 프레넬 윤대판 (FZP) 패턴으로 변환되는 홀로그램 기록 과정 및 홀로그램으로부터 물체점을 재생하는 영상 복원 과정을 예제들을 통하여 홀로그램의 원리 및 특징들을 아래에서 살펴 보고자 한다.

(예제 1) 초점거리 z_0 로 1개의 점으로 수렴하는 홀로그램 기록 시, 홀로그램 기록 매질은 물체점과 평면 파동인 조회광 (reference wave)의 중첩을 통한 간섭 패턴을 저장한다. 조회광이 홀로그램 매질을 향하여 정면으로 입사될 때, 물체 점에 의해 만들어지는 물체 파 (object wave)는 구면파 (spherical wave)임을 보여라.

기록 매질로부터 수직 거리가 z_0 이고, 공간 상의 한 점 (x_0, y_0, z_0) 에 놓여 있는 물체점은 핀홀 (pinhole) 모델인 $\delta(x-x_0, y-y_0)$ 표시할 수 있다. 이 물체점에서 출발한 물체 파동은 홀로그램이 기록되는 평면까지 거리 z_0 만큼 전파하는 Fresnel 회절로 간주된다. 즉 $\psi_O = \delta(x-x_0, y-y_0) * h(x, y; z_0)$ 로 쓸 수 있다.

따라서, 이것은 $\psi_O = e^{ik_0 z_0} \dfrac{ik_0}{2\pi z_0} e^{ik_0\{(x-x_0)^2+(y-y_0)^2\}/2z_0}$ 이 된다. 결국 이 물체파는 구면파임을 알 수 있다.

(예제 2) 홀로그램 기록 편면 위에, 예제 1에서 물체파와 평면파인 조회파 간의 중첩에 의한 간섭 패턴이 프레넬 윤대판 (FZP, Fresnel zone plate) 패턴 임을 보여라. 또한 공간 주파수의 정의 $[f] = \nabla\varphi(x, y)/2\pi$ 를 사용하여 이 FZP의 국부적인 공간주파수를 계산하여라. (단, 조회광이 홀로그램 매질을 향하여 정면으로 입사된다.)

진폭 a 를 갖는 조회파의 필드 분포를 $\psi_R = a e^{ik_0 z_0}$ 로 쓴다면, 홀로그램 기록 면에서 두 파동의 중첩에 의한 세기 분포는 다음과 같다.

$$|t^2| = |\psi_O + \psi_R|^2 = \left\{ a + \frac{ik_0}{2\pi z_0} e^{ik_0\{(x-x_0)^2+(y-y_0)^2\}/2z_0} \right\}\left\{ a - \frac{ik_0}{2\pi z_0} e^{-ik_0\{(x-x_0)^2+(y-y_0)^2\}/2z_0} \right\}$$

$$= a^2 + \left(\frac{k_0}{2\pi z_0}\right)^2 - \frac{k_0}{\pi z_0}\sin[k_0\{(x-x_0)^2+(y-y_0)^2\}/2z_0]$$

여기서, $A = a^2 + \left(\dfrac{k_0}{2\pi z_0}\right)^2$ 와 $B = -\dfrac{k_0}{\pi z_0}$ 를 사용하여 위의 결과를 다음과 같이 쓸 수 있다. 즉, 축상 방향으로 기록된 홀로그램은

$|t^2|_{on} = A + B\sin[k_0\{(x-x_0)^2+(y-y_0)^2\}/2z_0]$ 이다. 이 결과식은 물체점에 대한 홀로그램을 나타내며, 이 표현식을 정현파의 FZP 패턴이라고 부른다. FZP 패턴의 중심점의 위치로부터 이 물체점의 (x_0, y_0) 좌표값을 파악할 수 있다. $\varphi = k_0\{(x-x_0)^2+(y-y_0)^2\}/2z_0$ 이므로 x 축 방향과 y 축 방향의 국부적인 공간주파수는 각각

$$[f]_x = \frac{\partial}{\partial x}\varphi(x,y)/2\pi = k_0(x-x_0)/2\pi z_0 = (x-x_0)/\lambda_0 z_0 \quad \text{및}$$

$$[f]_y = \frac{\partial}{\partial y}\varphi(x,y)/2\pi = k_0(y-y_0)/2\pi z_0 = (y-y_0)/\lambda_0 z_0 \text{ 이 된다.}$$

여기서 물체점의 깊이 정보 z_0 는 FZP의 위상 안에 담겨 있다.

(예제 3) 복원 과정 (optical reconstruction, 또는 decoding process)을 통하여 재생된 영상을 관찰하면, 실제 영상 (real constructive image)과 쌍둥이 영상 (twin image)가 함께 나타나는 이유를 설명하여라.

기록된 홀로그램을 통하여 영상 복원을 위해 사용되는 가간섭성 조명파 (coherent illumination wave)는 조회파 $\psi_R = ae^{ik_0 z_0}$ 와 동일한 파면으로 그리고, 동일한 방향 (또는, 전방 방향)으로 입사를 시킨다. 홀로그램 매질에 홀로그램이 기록된 패턴 $|t^2|$ 는

$$|t^2| = A + B[e^{ik_0\{(x-x_0)^2+(y-y_0)^2\}/2z_0} - e^{-ik_0\{(x-x_0)^2+(y-y_0)^2\}/2z_0}]/2i = A + B_1 + B_2$$

으로 주어진다. 여기서 $B_1 = e^{ik_0\{(x-x_0)^2+(y-y_0)^2\}/2z_0}/2i$ 이고, $B_2 = -e^{-ik_0\{(x-x_0)^2+(y-y_0)^2\}/2z_0}/2i$ 이다. $z=0$ 인 위치에 있는 홀로그램 $|t^2|$ 에 대하여 단순히 이 복원용 조명파를 $\psi_{RC} = a$ 로 쓰면, 임의의 z 에 대하여 홀로그램을 통과한 파의 필드 분포는 다음과 같다. $\psi = a|t^2| * h(x,y;z) = a(A+B_1+B_2)*h(x,y;z)$.

따라서, 주어진 홀로그램을 향하여 조명파를 정면으로 입사 (입사각: 0도)시키면, 이 홀로그램으로부터 3개의 파들이 나타남을 알 수 있다.

제 1의 항 $\psi_{DC} = aA*h(x,y;z)$ 는 영차 빔 (zeroth beam)이며, 입사된 조명광이 홀로그램을 통과하면서 회절이 일어나지 않은 광이다. 이 영차 빔은 입사된 조명광이 홀로그램 매질을 직진하여 관통하는 특성 때문에 보통 DC 빔이라고 부른다. 그리고, 제 2의 항

$\psi_{RC} = aB_1*h(x,y;z) = (aB/2j)e^{ik_0\{(x-x_0)^2+(y-y_0)^2\}/2z_0} * h(x,y;z)$ 는 실제 복원된 영상 (real image) 정보이며, 홀로그램 앞면 공간에서 실제 빔에 의해 수렴되는 파동으로서 물체점을 복원하는 파면을 나타낸다. 마지막으로, 제 3의 항

$\psi_{TW} = aB_2*h(x,y;z)\psi_{RC} = aB_1*h(x,y;z) = (-aB/2j)e^{-ik_0\{(x-x_0)^2+(y-y_0)^2\}/2z_0} * h(x,y;z)$ 는 가상의 복원된 영상 정보이며, 후방 방향으로 진행하는 필드이다. 홀로그램 뒷면 공간에서 가상의 영상이 형성되는 것을 의미한다. 이 가상의 영상은 홀로그램 뒷면 공간에서 가상의 빔에 의해서 한 점에서부터 발산하는 파동에 대응되며, 이것이 바로 쌍둥이 영상의 파면을 나타낸다. 이상에서 살펴 본 바와 같이 축상 (on-axis)의 홀로그램 복원 과정에서 3개의 파동이 다른 방향으로 진행함을 알아 보았다. 만일 홀로그램 매질에 입사되는 조회광의 기록 각도가 충분히 크다면, 실제의 영상은 영차 회절 빔 및 쌍둥이 영상으로부터의 교란을 받지 않고 직접 관찰할 수 있다. 이와 같이 z 축 방향에 대하여 비스듬한 각도로 홀로그램을 생성하는 방법을 이동자 진동수 홀로그램 (carrier frequency hologram)이라고 말한다. 비축 (off-axis) 방향으로 생성된 홀로그램은

$\left. |t^2| \right|_{off} = A + B \sin[k_0\{(x-x_0)^2 + (y-y_0)^2\}/2z_0 + (2\pi f_{c,x}x + 2\pi f_{c,y}y)]$ 으로 쓸 수 있다. 여기서 $f_{c,i} = k_0 \sin\theta_i / 2\pi = \sin\theta_i / \lambda_0$ 는 비축 각도 정보를 제공하는 i 축 방향의 공간 이동자 (spatial carrier)이다. 예를 들어, $x-y$ 축에 대하여 대각 방향 (diagonal direction)으로 비축 각도는 $\theta = +45°$ 및 조명광의 파장이 $\lambda_0 = 532$ nm인 경우, 공간 이동자는 각각 $f_{c,x} = f_{c,y} = 1,329$ cycle/mm이다. 홀로그램을 기록 또는 생성 (generation) 단계에서 공간 이동자 파동 (spatial carrier wave) 항을 기존 축상 홀로그램 함수에 부가 (multiplication)함으로써 기존 홀로그램으로부터 출광되는 3종류의 파동들을 서로 분리하는 접근법을 비축 홀로그래피 (off-axis holography)이라고 한다. 보통 재생된 영상 시그널이 원치 않는 다른 파들로부터 적절하게 분리되도록 만드는 비축 각도의 설정을 위해 복원에서 사용되는 SLM 종류, 그리고 인코딩 방식 및 복원되는 영상의 깊이 (z_0)에 따라서 실험을 통한 최적화 과정을 거친다

5. Holographic Volume Bragg Grating의 소개

1. 부피형 브래그 격자 (Volume Bragg grating, VBG)

두꺼운 부피 홀로그램은 간섭무늬가 3차원적으로 기록되기 때문에 두께 방향 (z축) 의 간섭 무늬도 고려되어야 한다. 이에 비해 얇은 홀로그램 (thin hologram) 은 표면 영역 (x-y 평면)에서 형성된 간섭무늬에 의해 회절 특성이 결정된다. 굴절률 변화 (refractive index modulation)를 기반으로 한 간섭 무늬 (fringe pattern)가 체적 공간 내에서 기록되는 부피 홀로그램 (volume hologram)은 회절 효율이 매우 우수하면서 광학 요소의 기능도 제공할 수 있기 때문에 다양한 실용성 및 응용성을 갖는다. 순수한 브래그 영역에서 활용하기 위해서, 부피형 격자 타입은 아래의 Q 인자로 묘사되는 다음의 식으로부터 유전물질 층들에서 형성되는 최소 두께를 요구한다. 즉, $Q = \dfrac{2\pi d\lambda_0}{n\Lambda^2}$ 로 주어진다. 여기서 λ_0 는 공기 중에서 파장, n 은 홀로그램의 평균 굴절률, d 는 홀로그램 두께이고, Λ 는 격자의 주기이다. 두꺼운 홀로그램 (thick hologram)에 해당되는 순수 브래그 영역을 보장하기 위해서, Q 인자는 10 이상이 되어야 한다. 예를 들어, 포토폴리머는 25 um 두께 정도에 속하며, 은염 유제는 6 um 정도의 두께에서도 부피 홀로그램에 속한다. 이 Q 인자 값은 바로 축상 및 근축 상 (near on- aixs)의 부피 브래그 격자 방식으로는 체적형 필드 렌즈 (on-axis volume grating's field lens)를 만들 수 없는 근거가 된다. $Q = 10$ 조건 하에서 전형적인 회절 최소각은 30° 수준이며, 두께가 커질수록 이 각은 감소된다. 예를 들어, 브래그 회절 영역에서 입사각 45° 근처에서 입사되고, 하나의 점으로 수렴되도록 출력이 되는 비축상 (off-axis) 필드 렌즈 형태로 제작되는 것이 바람직하다. 또한 RGB 삼원색 파장 간의 혼선이 나타나지 않기 때문에 RGB용 부피 격자 생성을 위해서 두께 25um 정도의 단일 포토폴리머 필름에서 노광시킬 수 있다. 특히, 축상 필드 렌즈는 평면파 광경로 변형 부피 격자와 비축상 필드 렌즈를 결합함으로써 제작할 수 있다.

부피 브래그 격자는 입사된 빛을 설계된 차수 (single diffraction order)의 빛으로 대부분 출력이

되도록 회절시킬 수 있다. 바람직한 두께를 갖는 부피형 브래그 격자는 특정 파장 및 특정한 각도에서만 선택적으로 회절 특성을 제공할 수 있는 장점으로 인해 다양한 홀로그래픽 광학 소자들 (volume-holographic optical elements, V-HOEs)로 활용되고 있다. 일반적으로 투과형 격자는 반사형 격자보다 파장 변화에 대해서 더 둔감한 반면에, 투과형 격자는 반사형 격자보다 각도 변화에 대해서 더 민감하다. RGB 삼원색 기록용 부피 격자는 색상 간 파장 간격 (spectral gap)이 충분히 크기 때문에 한 장의 포토폴리머를 활용하여 세 파장들 간에 혼선 (cross-talk)이 없는 비축상 (off-axis) 필드 렌즈를 구현할 수 있다. 나아가 공정이 복잡하나 실제 두 종류의 HOE를 결합하여 축상 (on-axis) 필드 렌즈도 또한 구현할 수 있다. 한편 얇은 홀로그램 (thin hologram)에 해당되는 $Q < 1$ 영역은 Raman-Nath 영역이며, 일반적으로 얇은 홀로그램에 의해 출력되는 파는 이 홀로그램에 의해 영향을 받지 않은 0차항의 빛 (DC light) 뿐만 아니라 여러 차수의 회절 빛들로 이루어지게 된다.

각도 선택성

HOE에서 각도 선택성 (angular selectivity)은 홀로그램의 기록 과정에서 사용한 파장 (공기 중의 파장: λ_0)과 동일한 파장으로 홀로그램을 재생시킬 때, 재생 조명광의 입사 각도에 대한 재생광의 세기 의존성을 말한다. 각도 선택성을 고찰 하기 위해 기록 재료 (평균 굴절률: n, 두께: d)에 대한 조회광과 물체광의 배치를 그림 [(a) 및 (b)]에서 보여주고 있다. 여기서 물체광과 조회광은 평면 파동이며, 물체광은 기록 재료에 수직방향으로 입사된다고 가정한다.

기록 과정에서 사용되는 물체광의 파와 조회광의 파에 대한 복소 진폭은 각각 다음과 같이 쓸 수 있다.

$$U_R(\vec{r}) = \mathrm{Re}^{i\vec{k}_R \cdot \vec{r}},$$

$$U_O(\vec{r}) = A\,\mathrm{e}^{i\vec{k}_O \cdot \vec{r}}.$$

$\vec{k}_R$ 과 $\vec{k}_O$ 는 각각 조회파와 물체파의 파수 벡터 (wave vector)이다. $\vec{r}$ 는 점 (x, y, z) 에서 위치 벡터이다. 홀로그램 기록 매질 내부에서 이 두 파동들이 중첩되면, 세기 분포는 다음과 같이 주어진다.

$$I(\vec{r}) = |\mathrm{R}|^2 + |A|^2 + 2|R||A|\cos[(\vec{k}_R - \vec{k}_O)\cdot\vec{r} + \phi].$$

여기서 ϕ는 두 파동 사이의 위상차 (phase difference)이다. 그리고, 홀로그램 기록 매질 내부에서 간섭 무늬 (fringe)들이 형성된다.

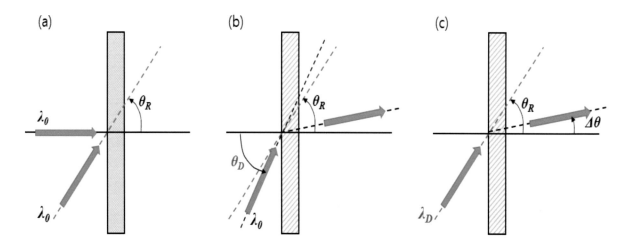

홀로그램의 각도 및 파장 선택성을 실험하기 위한 광학적 배치. (a) 홀로그램을 생성하기 위한 기록 재료에서 조회광과 물체광 간의 배치. (b) 홀로그램에서 재생용 조명광 (입사각 변화)과 재생된 출력광 간의 각도 관계. (c) 홀로그램에서 재생용 조명광 (파장 변화)과 재생된 출력광 간의 각도 관계.

홀로그램 내부에서 간섭 무늬들로부터 이루어지는 격자는 두 파수 벡터 간의 차이로 표현될 수 있다. 즉, 격자 벡터 ($\vec{K}$)는 $\vec{K} = \vec{k}_R - \vec{k}_O$ 로 주어진다. 여기서 격자 벡터의 크기는 $K = \dfrac{2\pi}{\Lambda} = \dfrac{4\pi \sin(\theta_R/2)}{\lambda_0}$ 로 주어진다. 따라서, 격자 주기는 $\Lambda = \dfrac{\lambda_0}{2\sin(\theta_R/2)}$ 으로 주어진다. 그리고, 간섭 무늬는 홀로그램 매질 내부에서 간섭을 일으키는 두 파의 진행 방향이 이루는 사이각을 이등분하는 방향으로 형성된다. 기록 매질 내부에서 굴절률이 사인파형으로 변조되는 것으로 가정할 때, 부피형 위상변조 홀로그램에서 위치에 따른 굴절률 변조 함수 (Δn)는 $\Delta n(\vec{r}) = n_0 + \Delta n \cos(\vec{K} \cdot \vec{r})$ 형태로 근사화될 수 있다. 여기서 n_0 는 평균 굴절률이고, Δn 는 최대 굴절률 변조이다.

이제 이 부피형 격자에 조사된 재생용 조명파 (평면파)에 의해 원래의 물체파를 재생하는 경우를 살펴보자. 최대 세기로 출력되는 물체파를 재생하기 위한 조건은 Bragg 조건을 만족할 경우이다. 즉 $2\Lambda \sin\theta_D = \pm\lambda_D$ 의 관계를 갖는다. 만일 재생 빔의 파장이 기록 빔의 파장과 동일 ($\lambda_D = \lambda_0$)할 경우라면, 회절되는 파의 최대 세기는 $\sin\theta_D = \pm\sin(\theta_R/2)$ 조건을 만족해야 한다. 특히, 재생파의 조명각이 부피형 브래그 격자 면에 대하여 $\theta_D = \pm(m\pi - \theta_R/2)$ 조건 ($m = 0$, 또는 1)을 만족하는 기울기로만 입사를 시키면, 최대 세기로 회절을 시키는 조건을 만족하게 되는데, 이를 브래그 축퇴 (Bragg degeneracy)라고 말한다.

112

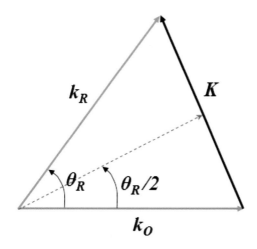

기록용 빔의 파수 벡터들과 격자 벡터 간의 관계

　일반적으로, 평면 파면으로 준비된 조회 빔 및 물체 빔 간의 간섭을 기록한 투과형 및 반사형 회절 격자 샘플들은 각각 브래그 조건을 만족하는 각을 중심으로 한 좌우 방향으로 회전하면서 회절 효율을 측정하게 된다. 투과된 빔의 세기 (I_t)와 +1 차 회절된 빔의 세기 (I_{+1})는 회전 각도에 대해 검출기로 각각 측정된다. 회전 각도에 대해 Kogelnik 회절 효율 (η), 즉

$$\eta_K = 10^2 \times \left(\frac{I_{+1}}{I_t + I_{+1}} \right)$$

을 얻을 수 있다. 그리고 브래그 회절 조건이 만족될 때, 최대 회절 효율 η (%)의 표현식은

$$\eta = 10^2 \times \sin^2 \left(\frac{\pi d \Delta n}{\lambda_D \sqrt{\cos \theta_t \cos \theta_1}} \right)$$

로 주어진다. 이 식을 통하여 회절효율 측정으로부터 굴절률 변조(Δn) 특성을 역으로 계산할 수 있다 (참고: J. Marín-Sáez, OPTICS EXPRESS A720, 258926, 2016). 아래의 시뮬레이션을 통해 살펴 보겠지만, 재생용 조명광의 입사각이 기록 광의 입사각과 어긋날 경우에, VBG 샘플에서의 각도 선택성을 보여주는 전형적인 곡선의 특성은 다음과 같다; 재생 조명광의 입사각 (θ)이 중심 각도 (기록 광의 입사각: θ_R)로부터 점점 벗어날수록, 재생광의 강도는 최대 강도 값에서 감소하다가 0에 도달하게 되고, 조금 강해지다가 다시 0이 되는 과정을 반복하면서 점차 낮아지게 된다.

　한편, 공기 중에서 최대 강도로부터 최초로 0이 되는 범위의 각도 폭을 $\Delta \theta_\pm$라고 하면, 이것은 근사적으로

$$\Delta \theta_\pm = \pm \frac{\lambda_0 \sqrt{n^2 - \sin^2 \theta_R}}{d \sin \theta_R \cos \theta_R}$$

으로 주어진다. 여기서 n 은 홀로그램의 평균 굴절률이며, $\Delta \theta_+$ 투과형 홀로그램의 각도폭이고, $\Delta \theta_-$는 반사형 홀로그램의 각도폭이다. 각도 폭 ($\Delta \theta_\pm$)이 좁을수록 각도 선택성이 우수한 것에 해당되며, 일반적으로 홀로그램의 두께 (d)를 증가시킬수록 회절되는 빛의 각도 범위가 좁아지기 때문에 각도 선택성이 좋아진다.

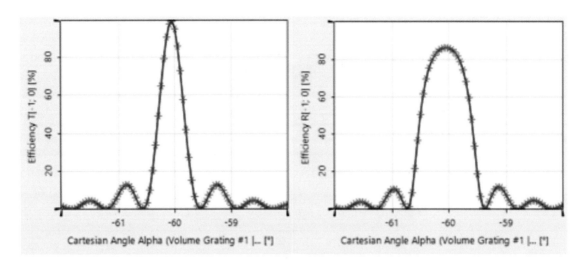

입사각도에 따른 VGB의 회절 효율 특성 곡선: 투과형 VBG (좌) 및 반사형 VGB (우)

이제 이 각도 선택성이 최대가 되는 조건을 살펴보자. 식 $\Delta\theta_{\pm}$의 극소치를 만드는 각도는 다음 과 같은 조건을 만족한다. 즉, $\sin^2\theta_R = n^2 - n\sqrt{n^2-1}$ 이다. 만일 $n = 1.5$인 경우에, 각도 선택성의 최적의 각도 조건 (θ_R)은 약 50° 및 130°이다. 조회광의 입사각 (θ_R)이 $-90^\circ < \theta_R < 90^\circ$일 경우에 투과형 홀로그램의 기록 조건이다. 반면에 θ_R이 $90^\circ < \theta_R < 270^\circ$일 경우에 반사형 홀로그램의 기록 조건이다. 우수한 각도 선택성의 이점을 적절히 활용하면, 다른 정보를 갖는 홀로그램들의 다중 기록 및 재생이 가능하다.

한편, 홀로그램에 기록된 간섭 무늬의 간격을 살펴보자. 물체광을 홀로그램 기록 면에 수직으로 입사 시킬 경우에, 조회광의 각도 (θ_R)에 따른 격자 주기 (Λ)은

$$\Lambda_{\mp} = \frac{\lambda_0}{\sqrt{2\left\{n^2 \mp n\sqrt{n^2 - \sin^2\theta_R}\right\}}}$$

으로 주어진다. 여기서 n은 홀로그램의 평균 굴절률이며, Λ_-는 투과형 홀로그램에서 간섭 무늬 간격이고, Λ_+는 반사형 홀로그램에서 간섭 무늬 간격이다.

1 mm 당 간섭무늬의 개수를 표시하는 공간 주파수 (f)는 $f = \frac{1}{\Lambda}$의 관계를 갖는다. 투과형 홀롤그램보다 반사형 홀로그램에서 간섭 무늬 간격이 더욱 좁아지게 되는데, 이것은 홀로그램의 표현이 더욱 세밀하게 되는 것을 의미한다. 특히, 조회파와 물체파가 서로를 향해 정면으로 다가오는 $\theta_R = 180^\circ$ 조건일 경우에, $\Lambda_+ = \frac{\lambda_0}{2n}$로 주어지므로, 공간 주파수는 $f = \frac{2n}{\lambda_0}$가 된다. 예를 들어, $\lambda_0 = 532$ nm일 때, 포토폴리머 ($n = 1.5$)를 사용하여 만든 반사형 홀로그램의 공간주파수는 약 5,639 lines/mm가 된다.

파장 선택성

앞에서 살펴본 각도 선택성에 비교할 경우, HOE에서 파장 선택성 (wavelengh selectivity)은 재생 조명광의 입사 각도가 조회광의 것과 같은 조건에서, 재생 조명광의 파장 변화에 따른 재생광 세

114

기의 의존성을 말한다. 재생 파장이 기록 파장과 어긋날 경우, 출력광의 세기 변화를 보여주는 파장 선택성을 보여주는 특성 곡선은 아래의 시뮬레이션 예제들을 통해 자세히 살펴 볼 것이다.

공기 중에서 최대 강도로부터 최초로 0이 되는 범위의 파장 폭을 $\Delta\lambda_\pm$ 라고 하면, 이에 대응되는 재생광의 각도 변화 폭을 $\Delta\theta_\pm$ 라고 하면, 이들은 근사적으로

$$\Delta\lambda_\pm = \frac{\lambda_0^2}{d\left\{n \mp \sqrt{n^2 - \sin^2\theta_R}\right\}} ,$$

$$\Delta\theta = \frac{-\Delta\lambda\sin\theta_R}{\lambda_0}$$

으로 주어진다. 여기서 n 은 홀로그램의 평균 굴절률이며, $\Delta\lambda_-$ 투과형 홀로그램의 파장폭이고, $\Delta\lambda_+$ 는 반사형 홀로그램의 파장폭이다. V-HOE는 빛의 진행방향을 바꾸는 회절 격자 (grating) 기능 외에도 특정한 빛의 파장만을 선택하여 투과시킬 수 있는 광학 필터 (optical filter) 기능을 갖는 것이 특징이다.

부피 홀로그램의 생성 과정에서 포토폴리머는 기록 빔들에 의한 노광 (exposure) 단계에서 폴리머화 하면서 수축이 일어나고, 은염유제는 현상 (develop) 처리 단계에서 두께 변화가 발생된다. 그 결과로 기록과 동일한 조건에서 재생을 하더라도 브래그 조건을 만족시키지 못하게 되고, 회절 효율이 떨어지게 된다. 두께 변형에 따른 일그러짐 현상은 간섭 무늬 간격의 변형과 간섭 무늬의 휘어짐을 일으키기 때문에 각도 선택성에 있어서 비대칭성의 주된 원인이 된다. 또한 실제 부피 홀로그램 기록 과정에 조사되는 빛이 기록 재료 내부를 지나감에 따라 빛의 흡수가 발생되기 때문에 조사되는 빛의 세기는 감소된다. 수직으로 가시광 대역의 빔이 입사할 경우에, 통상 포토폴리머 샘플의 투과율은 95% 정도이고, 은염 유제 샘플의 투과율은 50% 정도의 수준이다. 따라서 기록 매질의 흡수에 의한 기록 재료 내부에서 간섭무늬 분포의 비균일성은 각도선택성 및 파장 선택성, 그리고 최대 회절 효율 특성을 저하시킨다.

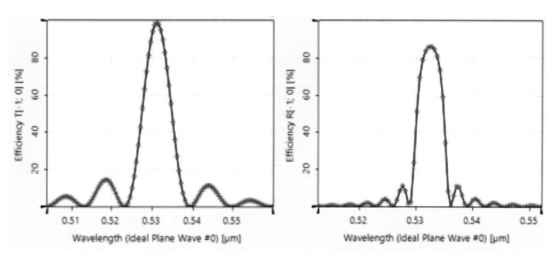

입사빔의 파장에 따른 VGB의 회절 효율 특성 곡선: 투과형 VBG (좌) 및 반사형 VGB (우)

※ 참고: 간섭성 (coherence)이 우수한 레이저 빔을 두 개의 빔들로 분리한 후, 서로를 스크린 상에서 겹치면 간섭 (interference) 무늬를 관찰할 수 있다. 자연에서 관찰되는 이러한 위상의 결맞음에 의한 간섭 특성이 레이저 광학계 외의 다른 물리 계에서도 관찰할 수 있을까? 저온에서 다수의 원자들 간의 상호작용 결과로 단체적인 효과로 발현되는 현상들 중에서, 전기적 저항이 없이 전류가 흐르는 초전도 (superconductivity) 현상과 유사한, 극저온에서 원자 기체들에 의한 마찰 없이 흐르는 초유체 (superfluid) 현상이 있다. 이 초유체 특성을 보여주는 대표적인 예로서, 나노켈빈 온도 근처에서 다수의 원자들은 동일한 바닥 양자 상태 (ground state)를 공유하면서, 점성이 없는 보즈-아인슈타인 응축 현상 (BEC, Bose-Einstein Condenation)이 1995년에 처음으로 관측되었다 (Science 269, 198 (1995)). 그리고 독립된 두 개의 보즈-아인슈타인 응집체들이 팽창하면서 동일한 공간에 중첩되면, 간섭 무늬를 관측 (Science 275, 637 (1997))할 수 있기 때문에 BEC가 위상 결맞음성을 갖고 있음을 알 수 있다. 그리고, 이 BEC 상태에 있던 원자들 (예: 나트륨 원자들)이 빔 형태로 전파되어 나갈 때, 결맞는 상태를 가지게 되는 원자 레이저 (atomic laser)도 가능하다는 것이 1996년에 처음 발표되었다. 나아가, 광파 레이저에 대응되는 이 원자 레이저는 원자 홀로그래피 (atomic holography) 개념으로 확장된다. 즉, 종래의 광파 레이저를 이용하여 기록되는 기존의 홀로그램과 유사하게, 원자 홀로그램은 원자 파동의 회절 (diffraction)과 간섭 현상을 사용한다. 원자가 갖는 드브로이 (De Broglie) 파장은 빛의 파장보다 훨씬 작기 때문에 이 원자 레이저는 훨씬 고해상도의 홀로그램 이미지를 만들 수 있다. 또한 향후에 이 원자 홀로그래피는 수 나노 미터 크기의 복잡한 집적 회로 패턴을 반도체에 투영하는 에칭 공정에 응용될 수 있을 것이다.

디지털 홀로그램과 디스플레이

- 저자·편집   윤민성
- 표지 디자인   윤민성

- 초판 1 쇄 발행   2020 년 1 월 23 일
  - ISBN   979-11-272-9591-2
  - 값   18,500 원

- 인쇄: 주식회사 BOOKK
www.bookk.co.kr   TEL: 1670-8316